沥青混合料摊铺均匀性评价算法与隧道内摊铺轨迹实时监控技术研究

主　编◎曾　晟
副主编◎何　璐　马　悦　曹赛骏

西南交通大学出版社
·成都·

图书在版编目（CIP）数据

沥青混合料摊铺均匀性评价算法与隧道内摊铺轨迹实时监控技术研究/ 曾晟主编. -- 成都：西南交通大学出版社，2025.8. -- ISBN 978-7-5774-0493-6

Ⅰ. U415.52

中国国家版本馆 CIP 数据核字第 20254NY693 号

Liqing Hunheliao Tanpu Junyunxing Pingjia Suanfa yu Suidao Nei Tanpu Guiji Shishi Jiankong Jishu Yanjiu

沥青混合料摊铺均匀性评价算法与隧道内摊铺轨迹实时监控技术研究
主编 曾 晟

策 划 编 辑	吴 迪
责 任 编 辑	姜锡伟
责 任 校 对	赵思琪
封 面 设 计	GT 工作室
出 版 发 行	西南交通大学出版社 （四川省成都市金牛区二环路北一段 111 号 西南交通大学创新大厦 21 楼）
营销部电话	028-87600564 028-87600533
邮 政 编 码	610031
网　　　址	https://www.xnjdcbs.com
印　　　刷	成都蜀通印务有限责任公司
成 品 尺 寸	170 mm×230 mm
印　　　张	12.75
字　　　数	201 千
版　　　次	2025 年 8 月第 1 版
印　　　次	2025 年 8 月第 1 次
书　　　号	ISBN 978-7-5774-0493-6
定　　　价	78.00 元

图书如有印装质量问题　本社负责退换
版权所有　盗版必究　举报电话：028-87600562

编写委员会

主　　编　曾　晟
副 主 编　何　璐　马　悦　曹赛骏
参　　编　宋少贤　曲慧明　梁乃兴　朱志武　张永馈
　　　　　　　曹源文　朱自力　毕晴晴　葛伟康　徐启益
　　　　　　　加武荣　张利军　董文溢　谢圣纲　韩　军
　　　　　　　赵　毅　梅迎军　许露露　谭　燕　惠　瑞
　　　　　　　汪静怡　贺　倩　谭晶桐　李　雪　张文凯
　　　　　　　刘星宇　张煜珍　黄卫林　王　磊　陈彩渝
　　　　　　　杨　柳　杨海平　乔为国　张博恒　杨　益
　　　　　　　郭承鉴　吕大伟　余　波　林浩宇

参编单位（排名不分先后）
　　　　　重庆交通大学
　　　　　重庆市设计院有限公司
　　　　　西南交通大学
　　　　　中铁二十局集团有限公司
　　　　　浙江海洋大学

重庆地处四川盆地东南缘，地形地势以山地、丘陵为主，山多河多，地势沿山脉、河流起伏，南北高、中间低，构成以山地、丘陵为主的地表形态。为通联四方八地，重庆人发挥"遇山开洞，遇水架桥"的奋斗精神，建设了大量的穿山隧道。

总结国内外相关报道可以发现，沥青路面质量对道路基础设施的耐久性和安全性至关重要。然而，由于摊铺过程中材料离析问题的普遍存在，局部结构性能薄弱，进而影响路面的长期使用性能。随着现代交通运输行业的发展，如何有效评估沥青混合料的均匀性，并实时监测隧道内部摊铺质量，已成为公路工程建设中的重要课题。近年来的多起隧道事故分析及问题处理，也凸显了隧道路面施工质量及安全管理的重要性。

隧道内沥青混合料的均匀性是保证沥青路面优良路用性能和长期使用寿命的前提条件。由于生产、运输、摊铺、碾压等自然和人为因素而使沥青路面产生的离析现象，是导致沥青路面局部出现结构性能薄弱点、加速路面早期病害发生的主要原因。随着现代数字化技术的发展，数字图像处理技术以其高效、准确、成本低的优点在公路工程中得到了广泛应用。本书针对隧道内沥青混合料摊铺过程中的离析现象，基于数字图像处理技术，提出基于加权分档静矩离异系数的沥青混合料均匀性评价方法及评价标准；针对隧道内GPS无法接收卫星信号、难以对摊铺机进行准确定位的问题，通过将无线通信技术（ZigBee，即蜂舞协议）定位技术引入摊铺机的施工中，实现隧道内摊铺作业的实时监测。

本书介绍了在试验室对离析沥青混合料级配进行模拟的方

法，通过室内马歇尔试验研究离析程度与沥青混合料结构参数的变化规律，以空隙率变化为指标提出离析评价指标，并根据贝雷法确定的关键级配区间与不同离析程度沥青混合料空隙率变化进行关联分析，分别研究了 AC-13、AC-20、AC-25 不同级配类型沥青混合料对孔隙率影响明显的级配关键区间。

  本书详细介绍了对现场图像样本的实测分析方法，通过数字图像处理技术对摊铺沥青混合料数字图像进行预处理；针对集料课题图像处理中粘连颗粒被过度分割的问题，提出适用于摊铺沥青混合料数字图像分割方法——基于扩展极大值变换分水岭分割方法。通过对图像中集料颗粒尺寸按照集料筛孔尺寸进行分档，将每一档占集料颗粒总面积的比值与图像中相应区域混合料筛分试验级配进行对比，验证了本书数字图像预处理算法的准确性。

本书基于集料颗粒图像的四边静矩分析，提出以相对于理想均匀分布的分档加权四边静矩离异系数 C_v 作为摊铺沥青混合料均匀性评价指标，并给出了分档加权四边静矩离异系数 C_v 的计算方法及计算程序。依托实体工程，本书分别对 AC-13、AC-20、AC-25 级配类型摊铺沥青混合料实时数字图像进行了分析计算，依据得到的分档加权四边静矩离异系数 C_v 给出了其均匀性评价结果。基于 AC-13、AC-20、AC-25 标准级配混合料的空隙率变化离析评价标准，本书通过铺沙法实测沥青面层表面构造深度并结合构造深度离析评价标准提出分档加权四边静矩离异系数 C_v 的摊铺沥青混合料均匀性评价标准；通过对不同采集高度下静矩离异系数 C_v 的变化进行研究，确定适宜的图像采集高度范围。本书通过在试验室进行不同离析程度沥青混合料路用性能试验，研究离析沥青混合料路用性能变化与静矩离异系数 C_v 的关系。结果表明，随着均匀性评价指标 C_v 的增加，沥青混合料离析程度增加，沥青混合料的路用性能明显变差，其中发生的粗集料严重离析对沥青混合料的路用性能影响更为显著。

本书介绍了对无线通信技术（ZigBee）定位技术进行软硬件设计的方法，确定了以 CC2430/CC2431 为定位系统的硬件部分。通过理论分析和现场试验，本书得到不同参考节点数对横/纵坐标定位误差的关系曲线、摊铺机各工况下参考节点不同纵向间隔对不同车道横/纵向定位误差的关系曲线以及参考节点不同纵向间隔下不同车道数对横/纵向定位误差的关系曲线。

本书在编写过程中，得到了重庆市设计院有限公司科研课题"隧道新材料、新设计、新工艺关键技术研究"的资金支持，特别表示感谢。

鉴于作者水平有限，书中难免存在疏漏或不足之处，恳请广大专家和读者批评指正，共同提高。

曾 晟
2025 年 4 月

目录
CONTENTS

1 绪 论 ·· 001
 1.1 研究背景 ·· 001
 1.2 国内外研究现状 ·· 004
 1.3 主要研究内容及技术路线 ·· 011
2 离析对沥青混合料结构参数的影响研究 ···················· 014
 2.1 沥青混合料离析的定义 ·· 014
 2.2 离析对沥青混合料结构参数的影响 ·························· 015
 2.3 基于空隙率变化的离析评价指标 ······························ 034
 2.4 级配区间对沥青混合料空隙率的影响 ······················ 035
 2.5 本章小结 ·· 039
3 摊铺沥青混合料数字图像预处理方法 ······················· 040
 3.1 数字图像技术基础及原理 ·· 040
 3.2 沥青混合料图像采集方法 ·· 044
 3.3 摊铺沥青混合料数字图像预处理 ······························ 046
 3.4 沥青混合料图像的阈值分割 ···································· 049
 3.5 沥青路面图像的形态学处理 ···································· 052
 3.6 粘连颗粒的分水岭分割方法 ···································· 054
 3.7 沥青路面数字图像处理结果的准确性验证 ·············· 059
 3.8 光照强度对沥青混合料图像预处理影响研究 ·········· 066
 3.9 本章小结 ·· 078
4 沥青混合料摊铺均匀性评价方法与指标研究 ············· 079
 4.1 均匀性评价模型的建立 ·· 079

  4.2 沥青路面摊铺均匀性计算结果 …………………………… 086
  4.3 摊铺沥青混合料均匀性评价指标 ……………………………… 095
  4.4 本章小结 …………………………………………………… 114

5 沥青混合料离析对其路用性能的影响研究 …………………………… 116
  5.1 不同离析程度时的沥青混合料配合比 ……………………… 116
  5.2 离析对和易性的影响 ………………………………………… 118
  5.3 均匀性评价指标与水稳定性关系研究 ……………………… 119
  5.4 均匀性评价指标与高温稳定性关系研究 …………………… 125
  5.5 均匀性评价指标与低温抗裂性能关系研究 ………………… 127
  5.6 均匀性评价指标与室内试验结果汇总 ……………………… 128
  5.7 本章小结 …………………………………………………… 128

6 隧道内沥青路面摊铺机轨迹定位技术研究 …………………………… 130
  6.1 ZigBee 定位系统硬件设计 …………………………………… 130
  6.2 ZigBee 定位系统软件设计 …………………………………… 133
  6.3 隧道内摊铺机轨迹平面定位算法 …………………………… 136
  6.4 本章小结 …………………………………………………… 165

7 沥青混合料摊铺均匀性快速检测评价系统及现场实测 …………… 166
  7.1 沥青混合料摊铺均匀性快速评价系统 ……………………… 166
  7.2 沥青混合料摊铺均匀性现场实测 …………………………… 174
  7.3 本章小结 …………………………………………………… 178

8 绪论与展望 ………………………………………………………………… 179
  8.1 结　论 ……………………………………………………… 179
  8.2 创新点 ……………………………………………………… 180
  8.3 展　望 ……………………………………………………… 181

参考文献 …………………………………………………………………… 182

1 绪 论

1.1 研究背景

"交通强国"是党的十九大明确提出的强国建设的核心战略。交通运输业的发展作为社会与经济发展的先决条件,与国家的飞速发展息息相关。改革开放以来,国家在交通运输领域投入了大量的资源,并取得了显著的成就。特别是高速公路带动了全国各地区的经济增长,为人民生活水平的改善和社会资源的运转提供了高速、便捷的基础条件。据统计,截至 2023 年年底,我国已实现突破 18 万公里高速公路通车总里程的目标。作为带动经济发展的基础,我国高速公路行业将会继续得到飞速发展。沥青路面由于具有优异的路用性能,能较好地满足公路运输需求,在我国公路建设中已经成为最主要的路面结构形式。

随着公路行业的发展,对沥青路面的质量要求也越来越高。为此,相关从业者进行了大量沥青混合料设计与研究。在沥青混合料的材料、级配等设计中,人们往往把沥青路面材料假设为一种分布均匀的材料。在进行沥青混合料性能试验等相关研究中,研究者也将沥青混合料的性能破坏模型假设为在均匀的条件下试验,提出了适用于我国气候、交通条件的路面结构和优异性能的沥青路面材料。但在实际情况下,沥青混合料作为一种由沥青作为胶结料、粗细集料作为骨架形成的多相复合材料,往往存在由于生产、运输、施工等环节的影响而出现材料分布不均匀的问题。这种结构的不均匀导致路面出现局部破坏[1-3],使一切沥青混合料的结构和材料设计变得徒劳无功。如图 1-1 所示为沥青混合料摊铺过程中的离析现象。

图 1-1 沥青混合料摊铺离析

对已通车高速公路沥青路面进行病害调查发现,我国高速公路沥青路面在还没有到达设计使用年限时就已经出现了大量的裂缝、坑槽、变形等早期病害。起初公路从业者认为这种早期病害是由于路面材料或者沥青混合料设计问题造成的整体结构不满足路面使用要求。为解决此类问题,相关从业者及学者从材料改性到沥青混合料组成结构的设计优化进行了大量的研究。但随着新建高速公路的通车,沥青路面的早期病害问题并没有得到有效的解决与控制。对病害问题进行调查分析发现:路面的早期病害破损问题并不是整体结构的破坏,而是首先随机地出现在局部小范围区域,没有固定的规律特征;在出现局部破损后,随着气候条件和沥青路面交通荷载的持续影响,路面破坏问题加剧,从而加速了路面的整体破坏,缩短了沥青路面的使用年限[4-6]。基于这种沥青路面局部力学性能的薄弱问题,研究发现沥青路面并不像所期望的整体那样从材料到结构具有均匀的一致性。沥青路面在实际施工中,往往由于气候、施工等自然或人为因素影响,造成沥青混合料分布不均匀的现象,即沥青混合料的离析[7-8]。

沥青混合料的离析按照产生原因分为级配离析和温度离析。

级配离析是指由于沥青混合料受到材料生产、拌和、运输、施工等机械及人为因素影响,造成沥青路面在整体结构中出现不均匀,使得沥青路面局部沥青混合料级配与设计、生产级配产生偏差的现象。发生级配离析的区域,整体沥青混合料的粗细集料分布不均匀,造成局部区域粗集料集中,而其他区域细集料集中,使得粗细集料无法形成足够的嵌挤结构,且空隙率、沥青含量与无离析区域产生偏差,从而无法达到规定的强度,即使在相同的压实条件下,空隙率也无法满足要求,路面平整度变差,从而影响沥青路面的行车舒适性和使用寿命。相关研究表明:沥青路面发生粗集料离析的区域,沥青含量相对无离析区域较少,且孔隙率增大,在有水存在的情况下,水更容易进入沥青混合料内部,增大了沥青膜脱落的概率,从而加速了水损害;沥青路面发生细集料离析的区域,由于缺少粗集料形成足够强度的嵌挤结构,且沥青含量相对无离析区域增加,在高温条件下,更容易出现泛油和车辙问题[9-10]。

温度离析是指在沥青混合料生产、运输、摊铺、碾压等施工过程中,沥青混合料拌和温度不达标、运输时运距过长或沥青混合料保温覆盖不满足要求、摊铺和碾压温度未按照规范进行而造成的离析问题[11-15]。温度离析在摊铺阶段往往表现为由于沥青混合料温度不达标导致摊铺阶段粗细集料分离,从而形成级配离析;而在碾压阶段,温度离析使得沥青混合料压实度不达标,温度过低时容易出现压实不足现象,压实温度过高则会出现过压实现象。最终导致路面压实度不满足规范要求,路面平整度不一致,对路面舒适性、安全性造成影响,且易加速路面早期病害的发生。

综上所述,保障沥青路面的良好均匀性,是保障沥青路面优异的路面结构,提高沥青路面使用寿命的重要途径[16-23]。因此,如何提高沥青路面的均匀性,对沥青路面均匀性进行评价,对沥青混合料的离析程度进行检测与评价是目前公路工程建设中需要解决的关键问题之一。针对沥青混合料均匀性问题,国内外学者及公路从业者开展了大量的研究,但目前在沥青混合料均匀性检测与评价方法上仍未形成统一的方法与相应的评价标准。目前常用的离析检测方法普遍以沥青路面建成后进行抽样检测为主,方法费时且主观随机性大[24-25],而新兴无损检测方法检测成本高,且往往无法在沥青路面建设过程中对沥青混合料的摊铺均匀性进行实时评价[26-30]。沥青混合料摊铺阶段作为沥青路面施工的关键环节,在摊铺过程中对沥青混合料均匀性进行评价,可以避免压实度对评价结果的影响,并及时地指导施工[31-33]。本书针对摊铺过程中沥青混合料的离析现象,基于数字图像处理技术开展摊铺沥青混合料均匀性实时检测与评价技术研究,实现快速、便捷、实时、定量地对摊铺沥青混合料的均匀性进行检测与评价。

1.2 国内外研究现状

本书从沥青混合料均匀性和均匀性数字图像评价技术两方面对国内外相关研究成果进行总结论述。

1.2.1 沥青混合料均匀性研究

国外学者及公路从业者较早地对沥青混凝土路面均匀性问题的重要性给予了了重视,开展了一系列的研究。

20世纪80年代末,沥青混合料离析问题首次被Brock[34]所提出,其研究表明沥青混合料的离析使级配和沥青含量产生偏差,从而劣化了路面的结构特性。

Kennedy[35]以粗集料在沥青混合料中的分散不均匀现象对离析的定义进行了进一步的阐述,并首次阐述了离析产生的机理。

美国国家交通委员会(TRB)[36-37]在2000年的NCHRP 441"热拌沥青混合料路面离析"报告中针对热拌沥青混合料离析问题开展了研究,通过对不同离析程度的沥青混合料的物理及力学特性进行研究,将沥青混合料离析分为无离析、轻度离析、中度离析、重度离析4个等级,并基于对应区域的构造深度与期望均匀的沥青混合料构造深度的比值提出离析评价指标。

Flietsch G 等[38-39]学者以NCHPR441报告研究成果为基础,综合现场离析沥青混合料实测数据,将沥青混合料发生离析时级配的变化、沥青含量的变化以及结构参数如空隙率、密度的变化通过多元变量模型进行了表征。

Meegoda J N[40]于2002年发表了关于激光构造仪法评价沥青路面离析的相关研究成果。研究结果表明,与铺沙法测定的构造深度结果相比,对应区域激光构造深度仪法测定的结果虽然在构造深度的分布频率上较为一致,但其结果相关性并不高。分析原因,"铺沙法"在进行构造深度测定时，试验用沙可以渗透到路面较深的空隙中，而激光只能测定表面裸露的空隙深度，因此导致铺沙法测定结果高于激光构造深度仪测定结果。

随着我国公路行业的发展，沥青混合料的均匀性对于保障沥青路面的路用性能、减少早期病害的重要性也逐渐受到了国内学者及从业者的重视。

沙庆林[41]院士针对国内公路沥青路面早期病害问题，提出除沥青混合料材料和设计问题外，保证沥青路面具有良好的均匀性是减少沥青路面早期病害发生的有效途径，并指出实际沥青路面施工中的集料离析和温度离析是二者相互作用、同时出现的问题，离析的产生使局部出现沥青路面结构薄弱点，无法满足沥青路面设计要求，加速了沥青路面早期病害的发生，继而缩短了路面的使用年限。

沈金安研究员针对我国沥青路面的特点，对实际工程沥青混合料的均匀性采用核子密度仪进行试验测量密度，通过红外热成像仪研究沥青路面温度离析问题，并通过构造深度法测定路面构造深度，提出了适用于我国沥青路面的离析评价标准。

王端宜等[42]针对沥青路面施工质量控制与沥青路面表面离析程度的关系进行了研究，通过表面离析百分率对沥青路面的均匀性进行了评价，并将QC/QA（质量控制/质量保证）理论应用于沥青路面均匀性质量的验收方法中，弥补了沥青混合料离析程度在公路工程质量验收中的空白，对提高沥青路面整体施工均匀性、沥青路面施工质量具有一定的推动作用。

长安大学学者雷宇在2007年发表的研究成果中，通过对不同离析程度沥青混合料的级配曲线进行研究，得出不同类型的沥青混合料级配，如最大密度曲线上的沥青混合料级配、最大密度曲线下微弓形的沥青混合料级配，随着级配曲线的不同也呈现出不同的离析特征。

天津大学学者谭发茂结合室内试验对离析机理和影响沥青混合料离析的因素进行了分析，并研究了离析对沥青混合料均匀性的影响。研究结果指出，严格控制施工中的各个环节均对提高沥青路面的均匀性具有较好的效果，并针对沥青混合料施工中的各个环节，提出了改善沥青路面均匀性的措施。

长安大学学者唐娴对沥青混合料在整个施工过程中的集料颗粒的运

动特征采用动力学分析方法进行研究。研究结果指出，在影响沥青混合料均匀性的各个因素中，沥青用量、级配组成以及摊铺中摊铺机螺旋布料器的转速均对沥青混合料均匀性产生关键影响；他们还自制了离析测定仪，以沥青混合料的离析势能指数建立离析评价模型，对不同级配组成的沥青混合料离析程度进行了评价。

大量现场检测及试验研究结果表明，沥青混合料离析会使对应区域的沥青混合料的密度、空隙率等结构参数相对于无离析区域产生变化，从而导致路用性能产生变化，增加了早期病害发生的概率，缩短了路面的使用年限[38-42]。

沥青混合料的均匀性是保证沥青路面质量的关键问题之一[43]。对沥青混合料的离析程度进行检测与评价，是当今沥青路面质量检测的重要议题。沥青路面离析检测方法按照对沥青路面结构是否会造成破坏分为有损检测法和无损检测法。

有损检测法为钻芯取样法，也是目前公路工程路面质量检测中最为常用的一种检测方法。此法是在沥青面层施工完成，待沥青混合料温度降低后，通过钻芯机在沥青路面随机选择点位进行钻芯取样，并通过室内试验测定芯样空隙率、级配等，对沥青混合料均匀性进行评价。大量钻芯试验结果表明：沥青混合料发生粗集料离析的区域，其芯样空隙率较大，级配中粗集料占比增加；发生细集料离析的区域，其芯样空隙率较小，级配中粗集料占比减少。研究结果表明，钻芯取样法对沥青路面离析的评价具有较高的准确性，Brown[44]通过室内试验对沥青混合料孔隙率与渗透性能的关系进行了研究，并提出当孔隙率超过 8%时，沥青混合料的渗透性能会出现急剧的衰减。钻芯取样虽然具有较高的准确性，但此方法费时费力，且对沥青路面钻芯后再填补会对沥青路面造成不可逆的损伤，因此，不建议采用此方法进行均匀性评价。

无损检测法包括目测法、构造深度法、无核密度仪法、探地雷达法、热成像法、数字图像法等。

目测法是目前实际公路沥青路面施工中最为常用的离析评价方法。目测法即现场施工人员在施工过程中，通过视觉观察沥青混合料均匀性情况，并根据经验对离析程度进行评价。施工中操作人员往往对视觉直观看上去较为不均匀的区域，在摊铺过程中通过人工撒布一定沥青混合料进行修补。目测法具有方便、快捷的特点，但该方法对沥青路面的均匀性评价结果具有主观性大、只能定性无法定量评价等缺点，不能作为沥青路面均匀性验收指标[45-49]。

通过构造深度对沥青路面的均匀性进行评价，目前常用的检测方法有铺沙法和激光表面构造深度测定法。

根据大量现场实测及研究分析，当沥青混合料出现不均匀的离析现象时，其表面的构造深度也随之发生相应的变化，不均匀的沥青路面出现粗集料离析的区域对应较大的构造深度，反之，出现细集料离析的区域对应较小的构造深度值[50-52]。铺沙法由于其具有操作方法简单、试验材料常见且容易获得等优点，目前是最为广泛使用的沥青路面构造深度检测方法。国内外学者针对铺沙法构造深度测定沥青混合料均匀性开展了大量的研究，并以构造深度比作为沥青混合料离析评价指标，并提出了相应的建议指标。我国江苏省依托多条高速公路建设项目，提出基于构造深度比的沥青路面离析评价建议标准，见表1-1[51]。

表1-1 江苏省基于铺沙法提出的建议离析评价标准

评价指标	无离析	轻度离析	中等离析	严重离析
构造深度比	≤1.3	1.3~1.6	1.6~1.9	>1.9

随着现代科技的发展，越来越多新兴检测技术应用于公路工程建设及检测中。其中，红外热成像仪、激光表面构造深度仪和探地雷达由于具有不对沥青路面造成破坏的优点，近些年被用到沥青混合料离析评价中来，并开展了大量的研究[53-66]。

不同物体的热量标准往往具有不同的特点，热成像法通过热成像仪对沥青混合料施工过程中的表面温度进行采集，从而评价沥青混合料的均匀性。当沥青混合料均匀分布时，其整体温度分布均匀；当沥青混合料出现离析时，粗集料分布较多的区域，孔隙率较无离析区域增加，沥青混合料与空气接触面积相应增加，从而使得热量较快地散失，因此在热成像仪中温度显示较低；而细集料分布较多的区域，由于其沥青含量较无离析区域增加，温度散失速度变慢，相应在热成像仪中温度显示较高。

探地雷达是通过发射器和天线向沥青路面测试区域发射脉冲信号，通过接收机和接收天线对反射回来的信号进行收集，并通过主机对信号的发射与接收时间差、接收到的信号波峰进行分析,计算出对应测点沥青混合料的介电常数 E,最终对沥青路面的密度、沥青含量等参数进行分析。当沥青混合料发生粗集料离析时,探地雷达测得的结果表明该区域具有较小的密度和较大的孔隙率,细集料离析的区域测定的结果为孔隙率小,而密度结果增大,与实际路面的结构参数具有较好的相关性。该方法具有无损、结果准确、检测效率高等优点[67-70]。

激光表面构造深度仪法是通过激光构造深度测定仪上的激光发射器向路面发射红外激光束,与铺沙法类似,通过测定沥青路面表面构造深度,根据表面构造深度比对沥青混合料均匀性进行检测与评价。若沥青混合料出现粗集料离析,则该区域表面构造深度测定结果较大,细集料集中的区域则构造深度测定结果较小。相较于铺沙法,激光构造深度仪法可以实现整段沥青路面的快速、全面的构造深度检测。相关研究表明,在沥青路面表面构造深度为 0.2~4.25 mm 时,通过激光表面构造深度测定仪检测的表面构造深度结果与铺沙法检测的构造深度结果具有较好的相关性。如图 1-2 所示为激光表面构造深度测定仪检测的沥青路面表面构造深度结果与铺沙法检测的构造深度值的相关性回归分析。

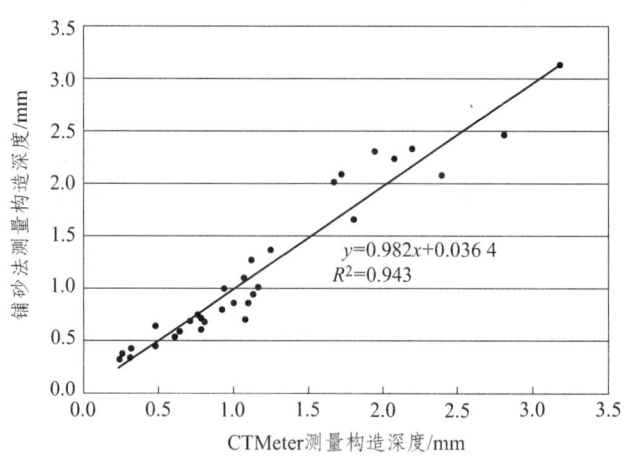

图 1-2 激光表面构造深度测定结果与铺沙法结果相关性

综上所述,针对沥青混合料均匀性问题,国内外学者及公路从业者进行了大量的理论与实践研究,对沥青混合料均匀性的评价方法开展了一系列研究,但目前仍未提出统一的检测方法和相应的评价标准。随着数字图像处理技术在公路工程建设及检测中的广泛应用，国内外学者开展了数字图像处理技术在沥青混合料均匀性评价方面的探索与研究。

1.2.2 沥青混合料均匀性的数字图像处理技术研究

通过数字图像技术对沥青混合料进行分析研究的初次尝试是在20世纪末提出的。Yue Z.Q.和Bekking等学者[71-73]将沥青混合料试件截面通过相机进行拍照，对图像中粗集料分布的特征进行了分析。大量研究成果表面，数字图像在沥青混合料表面特征评价方面具有较为广阔的应用场景[74-79]。

Macari-Pasqualino E. J.[80]于1987年发表研究成果，对材料颗粒分布的均匀程度采用数字图像法进行了分析与评价，为数字图像在沥青混合料均匀性分析与评价中的应用提供了借鉴。

1996年，学者Alshibli[81]发表研究成果，采用数字图像技术可以实现如砂石等尺寸较细材料分布状态的分析。

2001年，MCCUEN R H, Tasman等[82-83]参考医学分析中的CT（计算机断层扫描）图像分析技术，通过统计沥青混合料粗集料（粒径大于2.36 mm）在图像中的个数对其分布均匀性开展了研究与评价。

Hogg与Hunter[84-85]分别于2003年和2004年基于CT图像对沥青混合料均匀性的评价发表研究成果，通过统计学的方法对沥青混合料集料颗粒进行了分析，并通过统计沥青混合料CT图像中集料颗粒总面积与无离析区域总面积的差值来反映沥青混合料的均匀程度。

2007年，以统计学为基础，学者Azari[86]将沥青混合料试件CT扫描图像中集料分布的特征通过统计学中的正态分布法进行验证，若分布特征满足标准正态分布，则认定其分布均匀，反之，则不均匀；他通过室内试验，研究了不同均匀程度的沥青混合料的力学性能变化规律，并以此制定了均匀性评价标准。

2010年，Thyagarajan等[87]学者以空隙分布的特征作为研究对象对沥青混合料试件进行了试验研究，并通过分析试件CT图像中空隙的分布，对沥青混合料的均匀性特征进行了评价。

2012年，学者Bruno等[88]对现场沥青路面进行钻芯取样后，对芯样进行数字图像采集，通过数字图像法对芯样中的集料颗粒进行提取，从而对集料的级配进行图像法分析，并对芯样进行抽提筛分。结果表明，图像法分析沥青混合料级配组成具有较好的准确性。

国内在数字图像处理技术应用于沥青混合料均匀性评价方面，同济大学和华南理工大学较早地开展了积极的探索，在沥青混合料内部结构和集料形态特性方面应用数字图像处理技术获得了丰硕的研究成果。

同济大学孙立军等学者提出了沥青混合料细观结构的数字图像评价方法，并开发出相应的系统进行评价[89-90]。彭勇等[91-94]通过数字图像处理技术，以沥青混合料试件切片图像中沥青混合料集料的分布数量和分布位置作为沥青混合料均匀性评价指标，对沥青混合料试件的水平均匀性和纵向均匀性进行评价，提出了一种沥青混合料均匀性数字图像评价方法，并通过室内试验提出沥青混合料均匀性与性能变异性的关系。研究结果表明，沥青混合料均匀性好，其性能变异性低，反之，其性能变异性大[95-97]。

张肖宁等[98-102]通过工业相机对沥青混合料进行图像采集，以图像中沥青混合试样的孔隙结构分布、粗集料形状的二维分布特征为基础，对其进行了空间的三维重构，并通过PFC（颗粒流程序）离散元进行了沥青混合料均匀性的虚拟力学试验。

华南理工大学王端宜基于数字图像学中灰度分布特征理论，对沥青混合料图像中的灰度分布特征进行分析，采用图像中灰度分布作为沥青混合料表面纹理指标对表面纹理特征进行了重构，并作为沥青路面表面构造深度的数字图像检测结果对其进行评价。

姚岢等针对沥青路面通过无核密度仪测定沥青混合料密度，通过激光纹理仪测定该区域表面构造深度，并采用钻芯法对对应区域沥青混合料提取芯样，通过对芯样进行切片，对沥青路面表面和纵向均匀性进行评价[103]。

陈尚江等[104]采用分形理论的方法对沥青混合料的数字图像中集料颗粒的分布特征及空隙特点进行了定量描述研究，并通过试验证明了该方法的准确性。

石立万[105-106]提出了沥青混合料中粗集料主骨架的数字图像评价方法与相应的评价标准，并以此对沥青混合料抗车辙能力与粗骨料接触特性进行了研究，提出了相应的抗永久变形改进措施。

张争奇等[107]以沥青混合料图像表面纹理中下凹区域作为沥青路面表面宏观构造深度，提出了一种离析评价的新方法。

重庆交通大学梁乃兴、杜镇宇等基于数字图像处理技术，以施工过程中沥青混合料的摊铺均匀性为研究对象，展开了针对摊铺沥青混合料均匀性评价的研究，通过沥青混合料图像中的集料分布静矩和，对沥青混合料的均匀性进行了评价[108-113]。

郭乃胜[114]等采用CT图像技术对沥青混合料试件进行扫描，以图像分析法为研究手段，通过对试件图像中集料、沥青胶浆、孔隙分布特征进行分析，提出了一种均匀性评价方法，并针对试件中某一单层截面的均匀性给出了相应的评价指标。

对数字图像技术在沥青混合料均匀性评价方面的国内外相关研究成果进行分析，结果表明，国内外学者针对沥青混合料均匀性的问题，通过数字图像技术开展了大量的研究，但目前研究成果主要集中于针对沥青混合料试件的均匀性评价，并通过图像法对沥青混合料均匀性对性能的影响进行了研究，针对沥青混合料施工过程中摊铺均匀性的实时、快速评价技术的相关研究较少。沥青混合料的均匀性是保证沥青混合料结构及力学性能稳定性的关键，因此，在公路沥青路面建设过程中，基于数字图像技术的快速、高效、无损、实时等特点，提出一种摊铺沥青混合料均匀性评价方法，并提出相应的评价指标，对提高沥青路面的结构均匀性、保证其力学性能、减少早期病害的出现具有较高的理论与实际意义。

1.3 主要研究内容及技术路线

1.3.1 主要研究内容

通过对国内外学者相关研究成果进行总结分析，本书针对摊铺过程中沥青混合料离析现象，依托云南省广那高速公路和功东高速公路建设项目，基于数字图像处理技术，通过工业相机对摊铺沥青混合料进行采集，提出适用于摊铺沥青混合料的粘连集料预处理与分割技术；基于图像颗粒的四边静矩分析，提出加权分档静矩离异系数的沥青混合料均匀性评价方法及评价标准；并开发沥青混合料摊铺均匀性实时连续检测评价系统，实现沥青路面摊铺过程的均匀性实施评价。主要研究内容如下：

（1）在试验室对离析沥青混合料级配进行模拟，通过室内马歇尔试验研究离析程度与沥青混合料结构参数的变化规律，并以空隙率变化为指标提出离析评价指标；根据贝雷法确定的关键级配区间，与不同离析程度沥青混合料空隙率变化进行关联分析，得到 AC-13、AC-20、AC-25 不同级配类型沥青混合料对空隙率影响大的级配关键区间。

（2）通过对现场图像样本的实测分析，利用数字图像处理技术对摊铺沥青混合料数字图像进行预处理，并针对摊铺沥青混合料图像处理中粘连颗粒的过度分割问题，提出适用于摊铺沥青混合料数字图像分割方法——基于扩展极大值变换分水岭分割方法；对图像中集料颗粒尺寸按照集料筛孔尺寸进行分档，得到每一档占集料颗粒总面积的比值，与图像和区域混合料筛分试验级配进行对比，验证了本书数字图像预处理算法的准确性；考虑光照条件对沥青混合料图像预处理的影响，提出基于 HSI（色调-饱和度-亮度）颜色空间的低照度沥青路面图像亮度增强方法。

（3）基于图像颗粒的四边静矩分析，提出以理想均匀分布的分档加权四边静矩离异系数 C_v 作为摊铺沥青混合料均匀性评价指标，并给出了分档加权四边静矩离异系数 C_v 的计算方法及计算程序。依托实体工程，分别对 AC-13、AC-20、AC-25 级配类型摊铺沥青混合料实时数字图像进行了分析计算，依据得到的分档加权四边静矩离异系数 C_v 给出了其均匀性评价结果；基于 AC-13、AC-20、AC-25 标准级配混合料的空隙率变化离析评价标准以及铺沙法实测沥青面层表面构造深度，结合构造深度离析评价标准，提出分档加权四边静矩离异系数 C_v 的摊铺沥青混合料均匀性评价标准；对不同采集高度下静矩离异系数 C_v 的变化进行研究，确定适宜的图像采集高度范围。

（4）在试验室通过对不同静矩离异系数对应的离析沥青混合配合比进行路用性能试验，研究离析沥青混合料路用性能变化与静矩离异系数 C_v 的关系。结果表明：随着均匀性评价指标 C_v 的增加，沥青混合料离析程度增加，沥青混合料的路用性能明显变差，其中，粗集料严重离析对沥青混合料的路用性能影响更为显著。

（5）运用 MATLAB 图像工具包对摊铺沥青混合料进行图像预处理与均匀性评价，并结合 Labview 软件开发了沥青混合料摊铺均匀性快速检测系统；依托实体工程对现场实铺路段进行摊铺均匀性实时实测及评价，验证了系统的可靠性。

1.3.2 技术路线

本书基于数字图像处理技术，开展摊铺沥青混合料均匀性评价技术与标准研究，技术路线如图 1-3 所示。

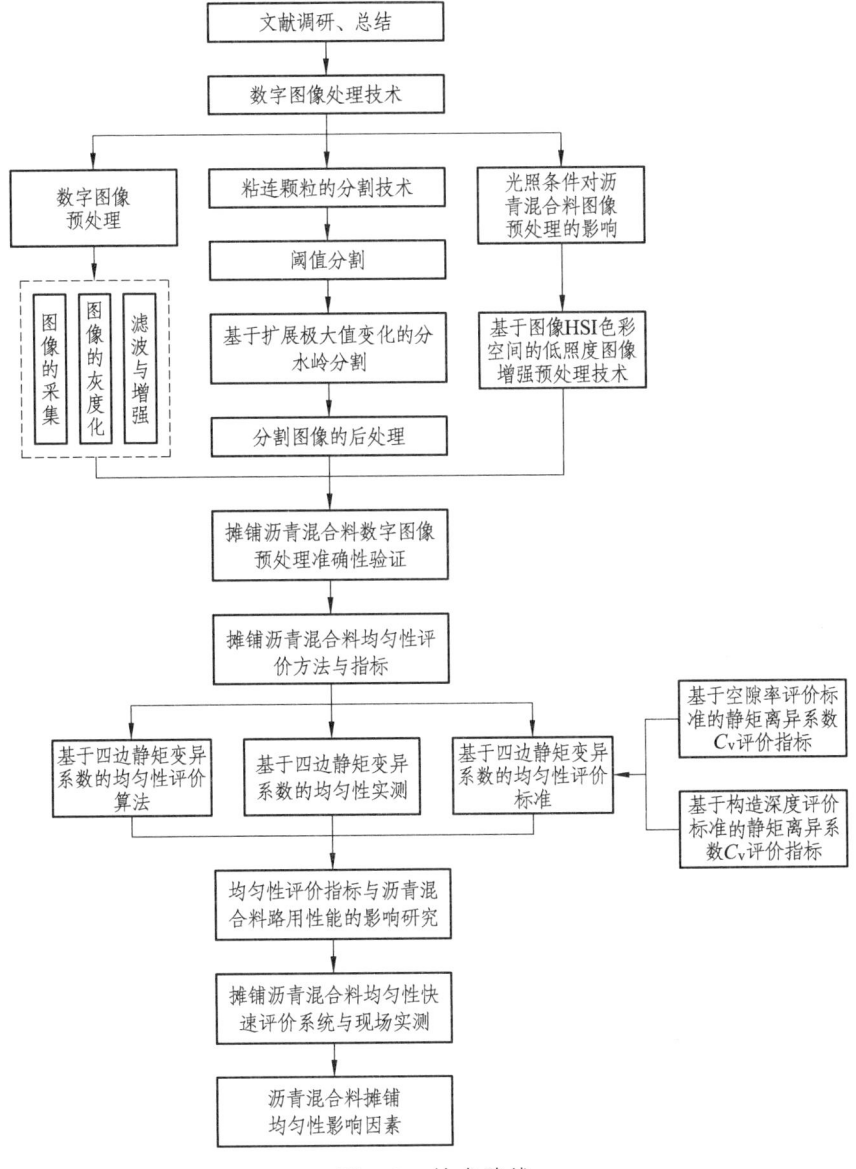

图 1-3 技术路线

2 离析对沥青混合料结构参数的影响研究

沥青混合料的结构参数随着沥青混合料离析程度的增加而变化。发生粗集料离析的区域，往往空隙率较无离析区域增加；发生细集料离析的沥青混合料，较无离析沥青混合空隙率减小，具有较好的相关性。因此，本书通过室内试验，对沥青混合料的结构参数随离析程度的变化规律进行研究，并以孔隙率变化为指标，提出相应的离析评价指标；通过灰关联分析法确定影响空隙率的关键筛孔区间，为后续研究提供理论依据。

2.1 沥青混合料离析的定义

离析是沥青路面施工中，由于原材料、级配设计、拌和、运输、摊铺、碾压等多因素影响，导致沥青路面集料颗粒分布不均匀，粗集料、细集料相互分离，局部结构与设计结构发生偏差的现象，如图2-1、图2-2所示。

沥青混合料离析根据表现形式分为级配组成与无离析沥青混合料产生偏差的级配离析，和施工过程中施工温度或粗细集料分布不一致而造成的温度离析。级配离析与温度离析往往并不相互独立：级配离析粗细集料分布不均匀往往导致温度分布不均匀，造成温度离析；施工中温度不满足规范要求，也容易造成级配离析。当沥青路面出现级配离析时，

图 2-1 粗集料离析

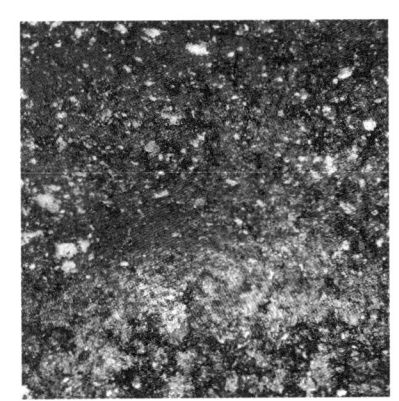
图 2-2 细集料离析

该区域的级配组成与无离析区域产生偏差,从整体上看,粗集料与细集料分布不均匀,没有形成相应的嵌挤结构,而粗集料集中的地方相较于无离析区域的空隙率较大,细集料集中的区域相较于无离析区域的空隙率较小,沥青用量也发生相应的变化。在沥青混合料施工过程中,粗细集料不均匀造成沥青路面温度分布不均匀,从而造成温度离析,最终导致在相同的压实条件下,路面的压实度不一致,继而造成路面平整度不一致,降低了路面的行车舒适性。研究表明,离析造成沥青混合料的结构特性相较于无离析区域产生变化。因此,本书通过室内试验,对沥青混合料结构参数随离析程度的变化规律进行研究。

2.2 离析对沥青混合料结构参数的影响

沥青路面的不均匀是造成沥青混合料结构参数不满足要求的主要原因之一,直接影响了沥青路面的使用年限。本书通过控制关键筛孔通过率,对 AC-13、AC-20、AC-25 不同级配类型沥青混合料进行离析配合比设计,并研究不同离析程度对沥青混合料结构参数变化的影响。

2.2.1 离析沥青混合料配合比设计

本书以 AC-13、AC-20、AC-25 沥青混合料作为研究对象,并严格把控试验所用原材料的质量,确保其能够满足沥青混合料路用性能的要求。原材料各项技术指标按照相关规范进行检测,具体试验结果如下。

2.2.1.1 原材料

1. 沥青

本书沥青混合料相关试验所用沥青为 AH70#基质沥青,沥青各项性能指标的检测结果见表 2-1,其性能满足规范要求。

表 2-1 试验用 AH70#沥青相关技术指标

检测项目		单位	技术要求	试验结果	检验结果
针入度(25 ℃)		0.1 mm	60～80	62.0	合格
延度(15 ℃)		cm	≥100	>100	合格
软化点		℃	≥45	50.0	合格
闪点(COC)		℃	≥260	262	合格
密度(15 ℃)		g/cm³	实测记录	1.02	合格
含钠量(蒸馏法)		%	≤2.2	1.9	合格
溶解度		%	≥99.5	99.9	合格
RTFOT 残留物	质量损失	%	≤0.8	合格	合格
	针入度比	%	≥61	70	合格
	老化后延度(15 ℃)	cm	≥15	>100	合格

2. 集料

本书试验选用坚硬、无风化、表面粗糙洁净、针片状含量少的粗集料。集料检测结果见表 2-2。

表 2-2 试验用粗集料相关技术参数

技术指标	单位	技术要求	实测结果	检验结果
压碎值	%	≤30	21.2	合格
吸水率	%	≤3.0	0.9	合格
沥青黏附性	级	≥4	5	合格
针片状含量	%	≤20	9.6	合格
<0.075 mm 颗粒含量	%	≤1.0	0.7	合格

按试验规程检测细集料的各项指标,结果见表 2-3。

表2-3 试验用细集料相关技术参数

项目	单位	质量要求	实测结果	检验结果
表观相对密度	—	≥2.5	2.70	合格
坚固性（0.3 mm部分）	%	≤12	11	合格
含泥量（<0.075 mm的含量）	%	≤3	2	合格
砂当量	%	≥65	75	合格
亚甲蓝值	g/kg	≤25	21	合格
棱角性（流动时间）	s	≥30	42	合格

对试验用矿粉按试验规程对矿粉各项指标进行检测,结果见表2-4。

表2-4 矿粉性能指标检测结果

项目		单位	技术要求	实测结果	检验结果
表观密度		g/cm³	≥2.45	2.73	合格
含水量		%	≤1	0.7	合格
粒度范围	<0.6 mm	%	100	100	合格
	<0.15 mm	%	90~100	94.8	
	<0.075 mm	%	70~100	80.4	
外观		—	无团粒结块	无团粒结块	合格
亲水系数		—	<1	0.6	合格
塑性指数		%	<4	3	合格
加热安定性		—	实测记录	无变化	合格

由表2-2~表2-4可知,试验所用集料的各项指标均满足规范要求。

2.2.1.2 无离析配合比设计

本书按照《公路沥青路面施工技术规范》(JTG F40—2004)级配中值作为无离析沥青混合料矿料级配,最佳沥青用量通过室内马歇尔试验确定。

1. 级 配

本书以按照《公路沥青路面施工技术规范》(JTG F40—2004)中AC-13、AC-20、AC-25标准级配中值作为无离析沥青混合料级配,见表2-5。

表 2-5 矿料筛分配合比

级配类型	各级筛孔尺寸（mm）下通过质量百分率/%										
	26.5	19	16	13.2	9.5	4.75	2.36	1.18	0.6	0.3	0.15	0.075
AC-13	100	100	100	95	76.5	53	37	26.5	19	13.5	10	6
AC-20	100	95	85	71	61	41	30	22.5	16	11	8.5	5
AC-25	95	82.5	74	66.5	55	38	29	22.5	16	11	8.5	5

由表 2-5 中数据可知，AC-13、AC-20、AC-25 沥青混合料级配曲线如图 2-3～图 2-5 所示。

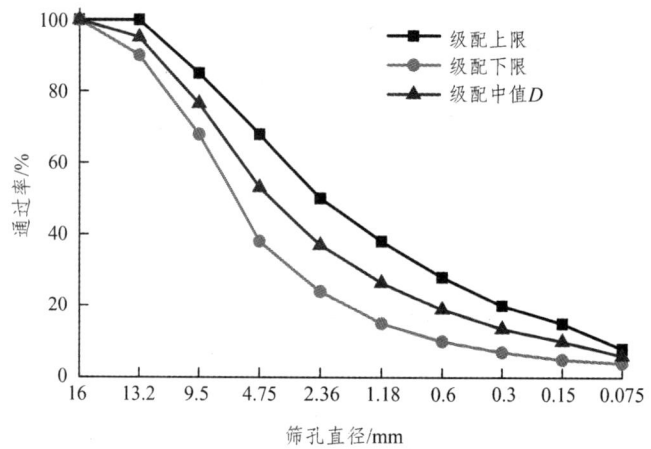

图 2-3 AC-13 无离析均匀沥青混合料级配曲线

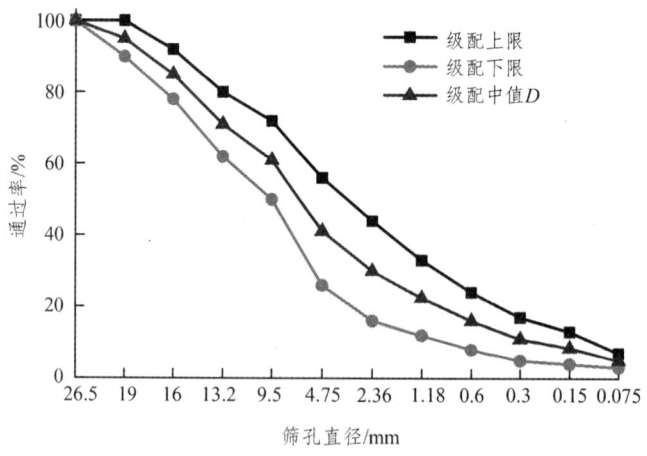

图 2-4 AC-20 无离析均匀沥青混合料级配曲线

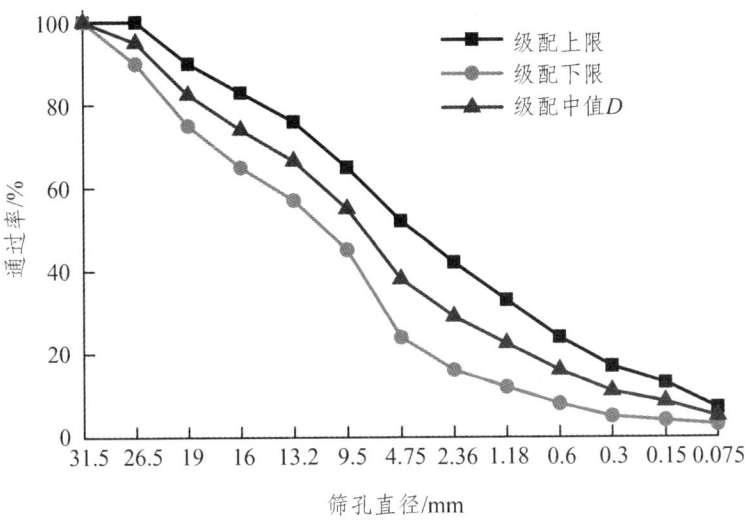

图 2-5　AC-25 无离析均匀沥青混合料级配曲线

2. 油石比

根据《公路工程沥青及沥青混合料试验规程》(JTG E20—2011)中的相关试验方法，无离析沥青混合料最佳沥青用量通过室内马歇尔试验确定。马歇尔试验结果见表 2-6 ~ 表 2-8。

表 2-6　AC-13 马歇尔试验结果

油石比 /%	毛体积相对密度 γ_f	空隙率 VV/%	矿料间隙率 VMA/%	沥青饱和度 VFA/%	稳定度 MS/kN	流值 FL/ (0.1 mm)
4.0	2.287	5.8	15.9	60.9	9.71	27.1
4.5	2.294	5.5	15.4	63.7	9.90	32.0
5.0	2.298	5.0	15.5	68.1	11.93	33.1
5.5	2.301	4.3	15.5	73.0	12.30	37.1
6.0	2.295	3.7	15.6	75.8	12.95	39.7
规范要求		3 ~ 6	—	65 ~ 75	—	15 ~ 40

表 2-7　AC-20 马歇尔试验结果

油石比/%	毛体积相对密度 γ_f	空隙率 VV/%	矿料间隙率 VMA/%	沥青饱和度 VFA/%	稳定度 MS/kN	流值 FL/(0.1 mm)
3.5	2.429	4.6	10.1	53.9	11.5	20.2
4	2.420	4.3	10.4	59.0	11.9	21.6
4.5	2.419	3.6	10.4	65.7	12.7	27.9
5	2.406	3.4	10.9	69.0	11.4	32.4
5.5	2.396	3.1	11.3	72.4	9.2	29.5
规范要求		3~6	—	65~75	—	15~40

表 2-8　AC-25 马歇尔试验结果

油石比/%	毛体积相对密度 γ_f	空隙率 VV/%	矿料间隙率 VMA/%	沥青饱和度 VFA/%	稳定度 MS/kN	流值 FL/(0.1 mm)
3	2.420	5.8	10.1	55.6	9.72	23
3.5	2.426	5.0	10.4	62.8	10.68	30
4	2.430	4.1	10.4	69.8	10.42	35
4.5	2.428	3.5	10.9	75.2	10.15	40
5	2.419	3.2	11.3	78.6	10.04	43
规范要求		3~6	—	65~75	—	15~40

由马歇尔试验结果，AC-13、AC-20、AC-25 无离析沥青混合料最佳油石比见表 2-9。

表 2-9　无离析沥青混合料最佳油石比

级配类型	AC-13	AC-20	AC-25
油石比/%	5.3	4.5	3.9

2.2.1.3　离析混合料级配设计

本书根据美国 *Segregation in Hot Mix Asphalt Pavements*（NCHRP Report 441）报告中所提出的基于筛孔通过率变化的离析评价标准，离析沥青混合料的级配通过控制级配关键筛孔进行调整获得。基于筛孔通过率变化的级配离析标准见表 2-10。

表 2-10　通过筛孔变化定义离析程度的标准

离析程度	轻度离析	中等离析	严重离析
级配变化	1个筛孔变化＞5%	2个筛孔变化＞10%	3个筛孔变化＞15%

根据表 2-10 不同离析程度筛孔通过率变化标准，以无离析沥青混合料级配为基准，将 4.75 mm、9.5 mm、13.2 mm 档筛孔作为关键筛孔，分别对 AC-13、AC-20、AC-25 沥青混合料进行离析级配设计，定义粗集料轻度离析 LC（Low levels segregation of Coarse aggregate）、粗集料中等离析 MC（Medium levels segregation of Coarse aggregate）、粗集料严重离析 HC（High levels segregation of Coarse aggregate）3 种粗集料离析混合料和细集料离析 F（segregation of Fine aggregate）。矿料级配分布见表 2-11～表 2-13。

表 2-11　AC-13 不同离析程度沥青混合料级配组成

筛孔直径/mm	离析程度				标准上限	标准下限
	粗集料严重离析 HC	粗集料中等离析 MC	粗集料轻微离析 LC	细集料离析 F		
16	100	100	100	100	100	100
13.2	96.0	96.6	96.8	97.8	100	90
9.5	69.9	73.2	76.0	81.1	85	68
4.75	34.7	41.8	48.7	66.4	68	38
2.36	24.8	30.8	35.0	46.8	50	24
1.18	17.6	22.8	23.9	31.0	38	15
0.6	13.4	16.7	17.6	22.0	28	10
0.3	9.8	12.4	12.8	15.5	20	7
0.15	6.4	8.9	9.1	11.8	15	5
0.075	3.5	5.3	5.4	7.2	8	4

表 2-12 AC-20 不同离析程度沥青混合料级配组成

筛孔直径/mm	离析程度				标准上限	标准下限
	粗集料严重离析 HC	粗集料中等离析 MC	粗集料轻微离析 LC	细集料离析 F		
26.5	100	100	100	100	100	100
19	92	93	94	97	100	90
16	77	80	83	90	92	78
13.2	55	60	67	82	80	62
9.5	45	50	56	72	72	50
4.75	26	31	36	51	56	26
2.36	20	24	27	36	44	16
1.18	15.5	18.5	20.5	26.5	33	12
0.6	11	13	14	19	24	8
0.3	8	9	10	13	17	5
0.15	6.5	7.5	8	9.5	13	4
0.075	3.5	4	4.5	6	7	3

表 2-13 AC-25 不同离析程度沥青混合料级配组成

筛孔直径/mm	离析程度				标准上限	标准下限
	粗集料严重离析 HC	粗集料中等离析 MC	粗集料轻微离析 LC	细集料离析 F		
31.5	100	100	100	100	100	100
26.5	92	93	94	97	100	90
19	75	77.6	80.9	87.5	90	75
16	57	63	70	85	83	65
13.2	49.2	54.5	61.2	78.5	76	57
9.5	34.7	41.8	48.4	68.2	65	45
4.75	25.5	30	34.2	45.6	52	24
2.36	20	24.7	26.4	34.2	42	16
1.18	15.5	18.2	19.6	26.8	33	12
0.6	11.7	13.1	14.4	18.9	24	8
0.3	8.4	9.7	10.3	12.3	17	5
0.15	6	6.8	7.7	10	13	4
0.075	3.5	4	4.5	6	7	3

由表 2-11～表 2-13，分别绘制不同离析程度沥青混合料级配曲线，AC-13、AC-20、AC-25 不同离析程度沥青混合料级配曲线如图 2-6～图 2-8 所示。

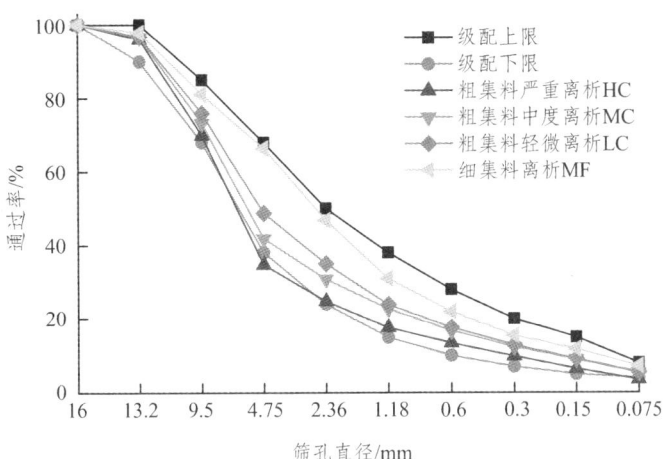

图 2-6　AC-13 不同离析程度沥青混合料级配曲线

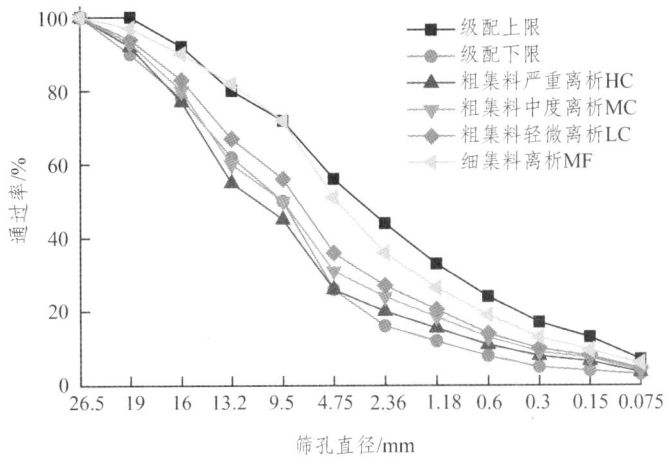

图 2-7　AC-20 不同离析程度沥青混合料级配曲线

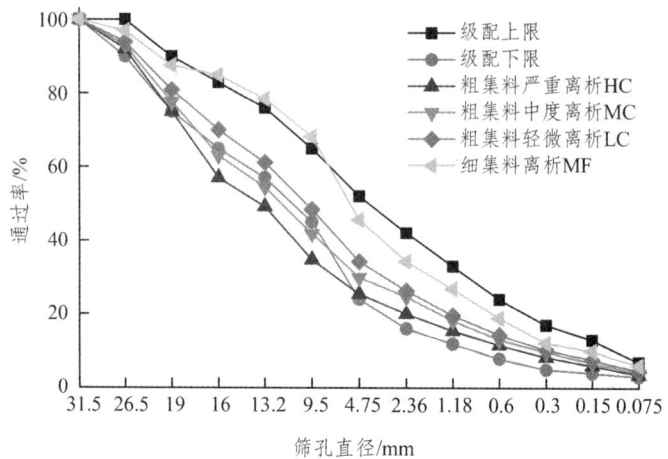

图 2-8 AC-25 不同离析程度沥青混合料级配曲线

2.2.1.4 离析沥青混合料油石比

沥青与集料、矿粉等拌和后形成沥青混合料，沥青作为胶结料在集料表面形成一层裹覆的沥青膜，当沥青混合料发生离析，形成整体集料分布的不均匀，而裹覆在粗细集料表面的沥青膜厚度并未发生变化。因此，本书以无离析沥青混合料沥青用量为基准，通过有效沥青膜厚度与比表面积关系公式计算出不同筛孔尺寸下集料标准比表面积，最终计算出不同离析级配下沥青混合料油石比，计算公式如式（2-1）~式（2-3）所示。

$$DA = \frac{P_{be}}{\rho_b \times P_s \times SA} \times 1000 \quad (2\text{-}1)$$

$$SA = \sum (P_i \times FA_i) \quad (2\text{-}2)$$

$$P_a = \frac{(P_{be} + P_{ba}) \times 100}{100 - P_{be}} \quad (2\text{-}3)$$

式中：DA 表示沥青膜有效厚度（μm）；P_{be} 表示有效沥青含量（%）；ρ_b 表示沥青 25 ℃时的密度（g/cm³）；P_s 表示集料在混合料中的占比；SA 表示集料的比表面积（m²/kg）；P_i 表示各种粒径的通过百分率（%）；FA_i 表示相应各种粒径的表面积系数；P_a 表示油石比（%）；P_{ba} 表示沥青被集料所吸收部分的占比（%）。

对无离析沥青混合料马歇尔试验结果,根据最佳油石比(AC-13 为 4.8%,AC-20 为 4.5%,AC-25 为 3.9%),计算出沥青膜有效厚度,反算出各离析级配的油石比。AC-13、AC-20、AC-25 不同级配类型离析沥青混合料油石比计算结果见表 2-14 ~ 表 2-16。

表 2-14 AC-13 沥青混合料离析级配油石比

相关参数	不同离析程度沥青混合级配				
	HC	MC	LC	D	F
比表面积 SA/(m^2/kg)	3.946	5.252	5.440	5.904	6.931
合成表观相对密度 R_{sa}	2.723	2.723	2.722	2.724	2.726
合成毛体积相对密度 R_{sb}	2.680	2.678	2.675	2.675	2.673
合成有效相对密度 R_{se}	2.711	2.711	2.710	2.711	2.712
吸收沥青 P_{ba}	0.775	0.538	0.564	0.594	0.637
有效沥青含量 P_{be}	2.743	3.651	3.781	4.104	4.817
沥青膜厚度 DA/μm	9.160	9.160	9.160	9.160	9.160
沥青用量 P_b/%	3.49	4.16	4.32	4.671	5.41
油石比 P_a/%	3.62	4.35	4.52	4.90	5.73

表 2-15 AC-20 沥青混合料离析级配油石比结果

相关参数	不同离析程度沥青混合级配				
	HC	MC	LC	D	F
比表面积 SA/(m^2/kg)	3.670	4.176	4.566	4.986	5.796
合成表观相对密度 R_{sa}	2.756	2.753	2.747	2.744	2.735
合成毛体积相对密度 R_{sb}	2.715	2.71	2.703	2.699	2.687
合成有效相对密度 R_{se}	2.745	2.741	2.735	2.732	2.722
吸收沥青 P_{ba}	0.482	0.507	0.521	0.535	0.575
有效沥青含量 P_{be}	2.833	3.266	3.956	3.798	5.022
沥青膜厚度 DA/μm	7.22	7.22	7.22	7.22	7.22
沥青用量 P_b/%	3.3	3.76	4.1	4.31	5.21
油石比 P_a/%	3.4	3.91	4.28	4.5	5.5

表 2-16 AC-25 沥青混合料离析级配油石比结果

相关参数	不同离析程度沥青混合级配				
	HC	MC	LC	D	F
比表面积 SA/(m²/kg)	3.651	4.132	4.532	4.965	5.78
合成表观相对密度 R_{sa}	2.739	2.738	2.737	2.734	2.729
合成毛体积相对密度 R_{sb}	2.694	2.694	2.69	2.687	2.682
合成有效相对密度 R_{se}	2.727	2.726	2.724	2.721	2.716
吸收沥青 P_{ba}	0.536	0.535	0.552	0.558	0.572
有效沥青含量 P_{be}	2.572	2.911	3.193	3.498	4.071
沥青膜厚度 DA/μm	5.87	5.87	5.87	5.87	5.87
沥青用量 P_b/%	2.81	3.14	3.44	3.75	4.33
油石比 P_a/%	2.89	3.24	3.56	3.9	4.53

2.2.2 离析沥青混合料结构参数

沥青混合料发生离析，局部区域沥青混合料中集料分布与均匀区域分布产生偏差，使得离析区域内结构参数与无离析区域出现偏差。本书对 AC-13、AC-20、AC-25 不同离析级配沥青混合料成型马歇尔标准试件，通过马歇尔试验测定试件的空隙率、有效沥青饱和度、毛体积相对密度、矿料间隙率，研究不同离析程度沥青混合料结构参数的变化规律。结果见表 2-17。

表 2-17 不同离析程度沥青混合料试件结构参数

级配类型	离析程度	空隙率 VV/%	沥青饱和度 VFA/%	毛体积相对密度	矿料间隙率 VMA/%
AC-13	细集料离析	2.6	83.7	2.331	13.7
	无离析	4.3	71.9	2.258	15.9
	粗集料轻微离析	5.1	62.9	2.179	18.9
	粗集料中等离析	5.9	56.6	2.138	20.7
	粗集料严重离析	7.0	52.6	2.118	21.4

续表

级配类型	离析程度	空隙率 VV/%	沥青饱和度 VFA/%	毛体积相对密度	矿料间隙率 VMA/%
AC-20	细集料离析	3.6	84.54	2.358	16.82
	无离析	4.5	73.81	2.336	17.18
	粗集料轻微离析	5.4	68.85	2.33	17.33
	粗集料中等离析	7	61.42	2.305	18.14
	粗集料严重离析	8.4	54.70	2.287	18.54
AC-25	细集料离析	5.2	57.88	2.457	12.35
	无离析	6	56.84	2.429	13.90
	粗集料轻微离析	6.9	47.37	2.421	13.11
	粗集料中等离析	8.1	42.67	2.388	14.13
	粗集料严重离析	9.2	34.87	2.379	14.18

2.2.2.1　AC-13离析沥青混合料结构参数变化

由表2-17的结果，分别绘制AC-13不同离析程度沥青混合料空隙率、有效沥青饱和度、毛体积相对密度、矿料间隙率与无离析沥青混合料变化图，结果如图2-9～图2-12所示。

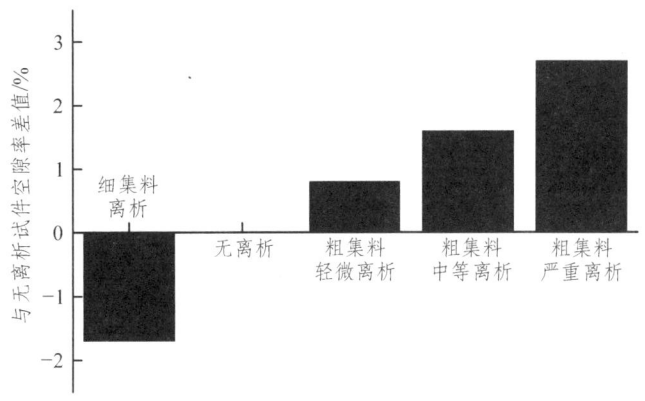

图2-9　AC-13沥青混合料不同离析程度空隙率变化

由图 2-9 可知：对于 AC-13 沥青混合料，随着离析程度的增加，沥青混合料空隙率随之增加，相较于无离析沥青混合料空隙率，细集料离析沥青混合料空隙率降低了 1.7%，粗集料轻微离析、中等离析、严重离析等不同离析程度沥青混合料空隙率分别增加了 0.8%、1.6%、2.7%。

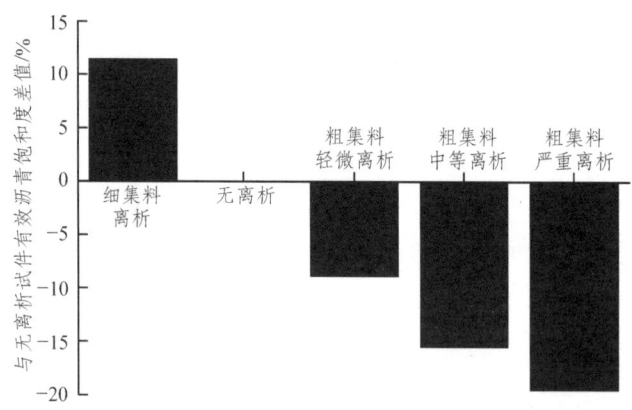

图 2-10　AC-13 沥青混合料不同离析程度有效沥青饱和度变化

由图 2-10 可知：对于 AC-13 沥青混合料，随着离析程度的增加，沥青混合料沥青饱和度随之降低；相较于无离析沥青混合料的有效沥青饱和度，细集料离析沥青混合料的有效沥青饱和度增加了 11.5%，粗集料轻度离析沥青混合料的有效沥青饱和度减小了 8.9%，粗集料中等离析沥青混合料的有效沥青饱和度减小了 15.5%，粗集料严重离析沥青混合料的有效沥青饱和度减小了 19.5%。

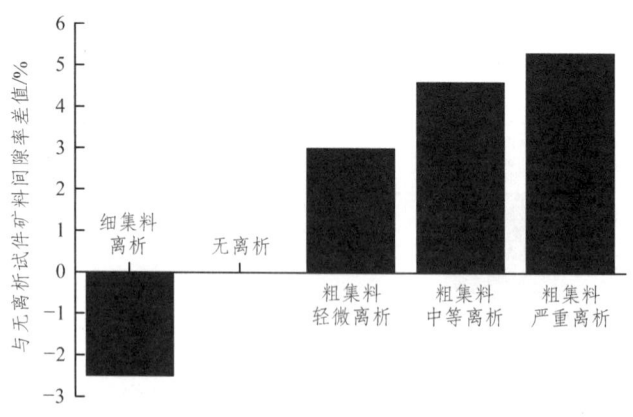

图 2-11　AC-13 沥青混合料不同离析程度矿料间隙率变化

由图 2-11 可知：对于 AC-13 沥青混合料，随着离析程度的增加，沥青混合料矿料间隙率随之增加；相较于无离析沥青混合料的矿料间隙率，细集料离析沥青混合料的矿料间隙率减小了 2.5%，粗集料轻微离析沥青混合料矿料间隙率增大了 3.0%，粗集料中等离析沥青混合料的矿料间隙率增大了 4.6%，粗集料严重离析沥青混合料的矿料间隙率增大了 5.3%。

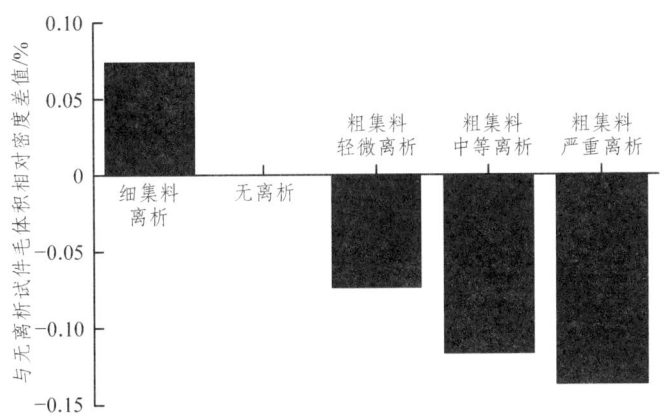

图 2-12　AC-13 沥青混合料不同离析程度毛体积相对密度变化

由图 2-12 可知：对于 AC-13 沥青混合料，随着离析程度的增加，沥青混合料毛体积密度随之降低；相较于无离析沥青混合料的毛体积相对密度，细集料离析沥青混合料的毛体积相对密度增加了 0.074，粗集料轻微离析沥青混合料的毛体积相对密度减小了 0.074，粗集料中等离析沥青混合料的毛体积相对密度减小了 0.117，粗集料严重离析沥青混合料的毛体积相对密度减小 0.137。

2.2.2.2　AC-20 离析沥青混合料结构参数变化

同 AC-13 沥青混合料，分别绘制不同离析程度沥青混合料空隙率、有效沥青饱和度、毛体积相对密度、矿料间隙率与无离析沥青混合料变化图，结果如图 2-13～图 2-16 所示。

由图 2-13 可知：对于 AC-20 沥青混合料，相较于无离析沥青混合料空隙率，细集料离析沥青混合料空隙率降低了 0.9%，粗集料轻微离析沥青混合料空隙率增大了 0.9%，粗集料中等离析沥青混合料空隙率增大了 2.5%，粗集料严重离析沥青混合料空隙率增大了 4.0%。

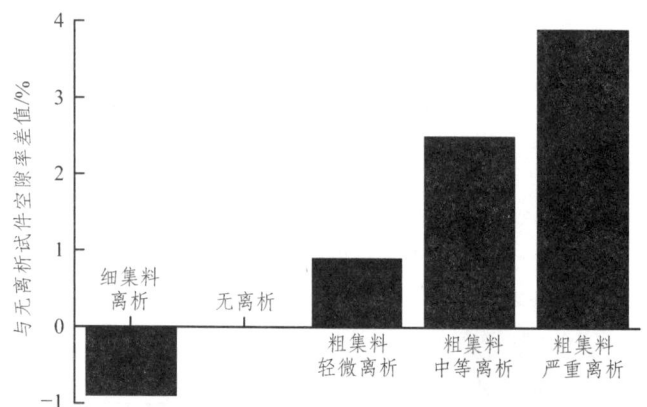

图 2-13　AC-20 沥青混合料不同离析程度空隙率变化

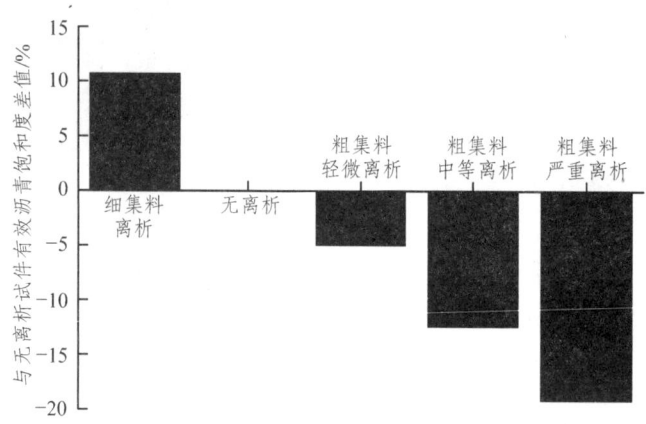

图 2-14　AC-20 沥青混合料不同离析程度有效沥青饱和度变化

由图 2-14 可知：对于 AC-20 沥青混合料，相较于无离析沥青混合料的有效沥青饱和度，细集料离析沥青混合料的有效沥青饱和度增大了 9.27%，粗集料轻度离析沥青混合料的有效沥青饱和度减小了 4.96%，粗集料中等离析沥青混合料的有效沥青饱和度减小了 12.39%，粗集料严重离析沥青混合料的有效沥青饱和度减小了 19.11%。

由图 2-15 可知：对于 AC-20 沥青混合料，相较于无离析沥青混合料的矿料间隙率，细集料离析沥青混合料的矿料间隙率减小了 0.36%，粗集料轻微沥青混合料矿料间隙率增大了 0.15%，粗集料中等离析沥青混合料的矿料间隙率增大了 0.96%，粗集料严重离析沥青混合料的矿料间隙率增大了 1.36%。

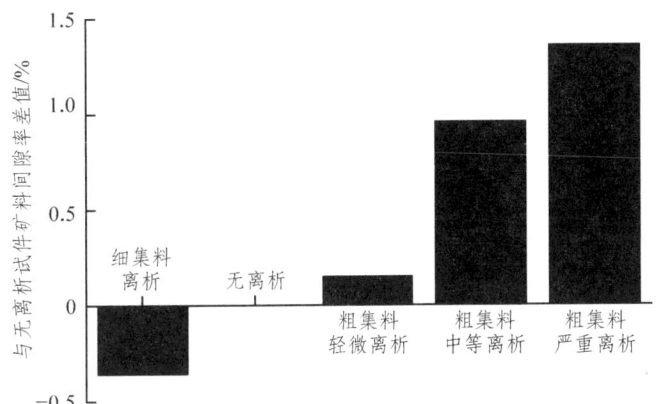

图 2-15　AC-20 沥青混合料不同离析程度矿料间隙率变化

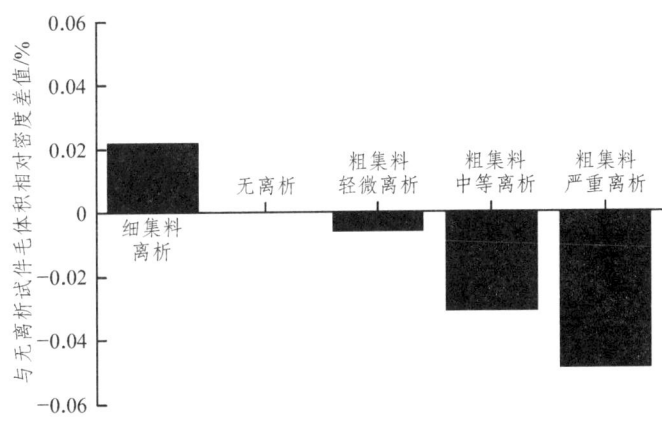

图 2-16　AC-20 沥青混合料不同离析程度毛体积相对密度变化

由图 2-16 可知：对于 AC-20 沥青混合料，相较于无离析沥青混合料的毛体积相对密度，细集料离析沥青混合料的毛体积相对密度较无离析试件增大了 0.022，粗集料轻微离析沥青混合料的毛体积相对密度减小了 0.006，粗集料中等离析沥青混合料的毛体积相对密度减小了 0.031，粗集料严重离析试件的毛体积相对密度减小了 0.049。

2.2.2.3　AC-25 离析沥青混合料结构参数变化

同 AC-13、AC-20 沥青混合料，分别绘制 AC-25 不同离析程度沥青混合料空隙率、有效沥青饱和度、毛体积相对密度、矿料间隙率与无离析沥青混合料变化图，结果如图 2-17～图 2-20 所示。

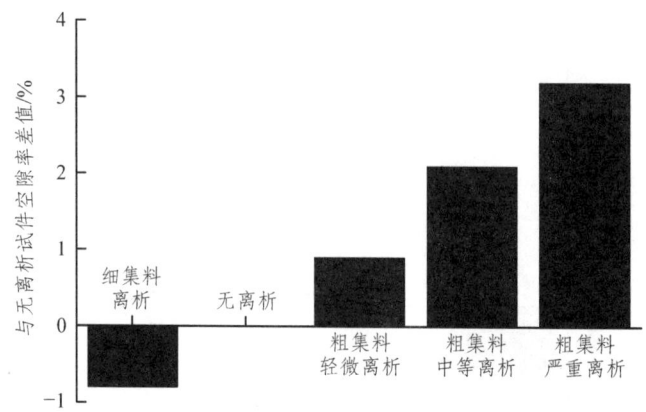

图 2-17　AC-25 沥青混合料不同离析程度空隙率变化

由图 2-17 可知：对于 AC-25 沥青混合料，相较于无离析沥青混合料空隙率，细集料离析沥青混合料空隙率降低了 0.9%，粗集料轻微离析沥青混合料空隙率增大了 0.9%，粗集料中等离析沥青混合料空隙率增大了 2.5%，粗集料严重离析沥青混合料空隙率增大了 4.0%。

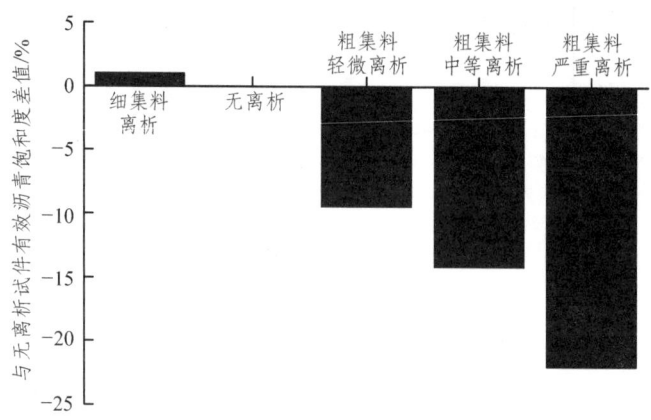

图 2-18　AC-25 沥青混合料不同离析程度有效沥青饱和度变化

由图 2-18 可知：对于 AC-25 沥青混合料，相较于无离析沥青混合料的有效沥青饱和度，细集料离析沥青混合料的有效沥青饱和度增大了 9.27%，粗集料轻度离析沥青混合料的有效沥青饱和度减小了 4.96%，粗集料中等离析沥青混合料的有效沥青饱和度减小了 12.39%，粗集料严重离析沥青混合料的有效沥青饱和度减小了 19.11%。

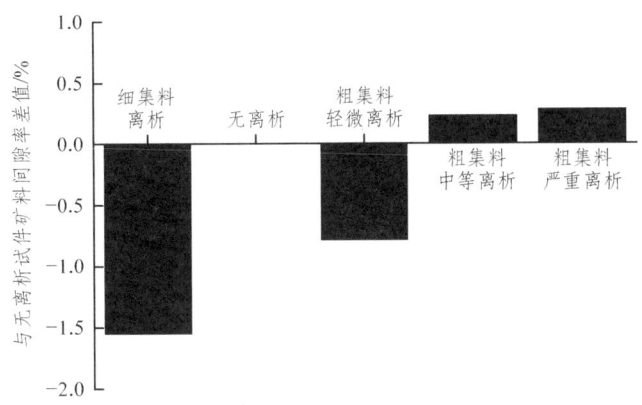

图 2-19　AC-25 沥青混合料不同离析程度矿料间隙率变化

由图 2-19 可知：对于 AC-25 沥青混合料，相较无离析沥青混合料的矿料间隙率，细集料离析沥青混合料的矿料间隙率减小了 0.36%，粗集料轻微沥青混合料矿料间隙率增大了 0.15%，粗集料中等离析沥青混合料的矿料间隙率增大了 0.96%，粗集料严重离析沥青混合料的矿料间隙率增大了 1.36%。

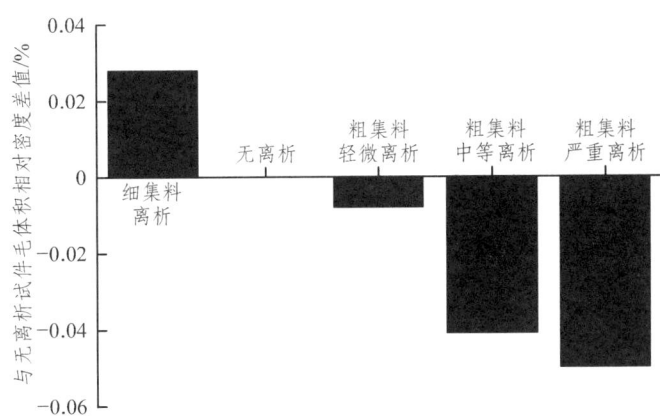

图 2-20　AC-25 沥青混合料不同离析程度毛体积相对密度变化

由图 2-20 可知：对于 AC-25 沥青混合料，相较于无离析沥青混合料的毛体积相对密度，细集料离析沥青混合料的毛体积相对密度增大了 0.022，粗集料轻微离析沥青混合料的毛体积相对密度减小了 0.006，粗集料中等离析沥青混合料的毛体积相对密度减小了 0.031，严重离析沥青混合料的毛体积相对密度减小了 0.049。

2.3 基于空隙率变化的离析评价指标

由不同离析程度与沥青混合料结构参数变化关系可知,随着沥青混合料离析程度的增加,其结构参数也随之产生变化。其中,沥青混合料试件随着离析程度从细集料离析至粗集料严重离析,其空隙率随之增加,具有较高的相关性。因此,本书以室内试验不同离析级配作为界限值,提出基于空隙率的沥青混合料离析评价指标,AC-13、AC-20、AC-25不同级配类型的沥青混合料离析评价标准见表2-18。

表2-18 AC-13、AC-20、AC-25不同级配类型的沥青混合料离析评价标准

级配类型	评价指标	细集料离析	无离析	粗集料轻微离析	粗集料中等离析	粗集料严重离析
AC-13	空隙率	<2.6	2.6~5.1	5.1~5.9	5.9~7	>7
	与标准差值	<−1.7	−1.7~0.8	0.8~1.6	1.6~2.7	>2.7
AC-20	空隙率	<3.6	3.6~5.4	5.4~7	7~8.4	>8.4
	与标准差值	<−1.2	−1.2~0.9	0.9~2.5	2.5~3.9	>3.9
AC-25	空隙率	<5.5	5.5~6.9	6.9~8.1	8.1~9.2	>9.2
	与标准差值	<−0.5	−0.5~0.9	0.9~2.1	2.1~3.2	>3.2

由表2-18绘制出AC-13、AC-20、AC-25不同级配类型离析范围图,如图2-21~图2-23所示。

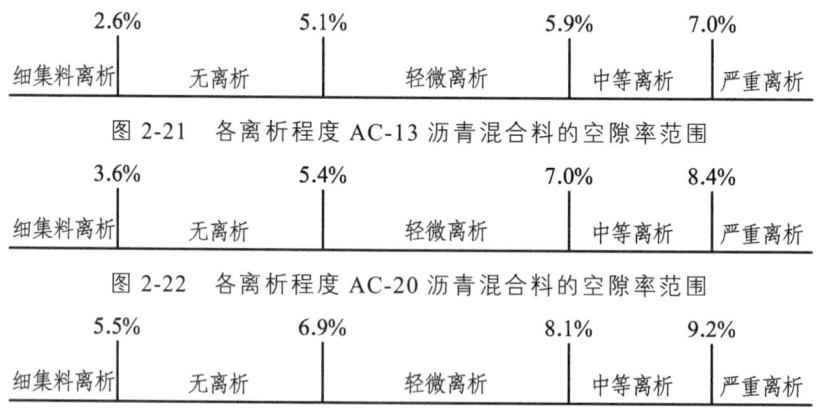

图2-21 各离析程度AC-13沥青混合料的空隙率范围

图2-22 各离析程度AC-20沥青混合料的空隙率范围

图2-23 各离析程度AC-25沥青混合料的空隙率范围

2.4 级配区间对沥青混合料空隙率的影响

沥青混合料是由沥青胶结料和不同粒径尺寸的集料按照一定的级配混合而成的多相系统，不同离析程度的级配组合对沥青混合料空隙率变化影响较大。因此，在研究离析对沥青混合料结构参数的影响时，应根据合理的集料颗粒尺寸分档，对不同尺寸分档的集料对沥青混合料结构参数的影响进行研究。

2.4.1 集料尺寸区间的划分

考虑到集料尺寸划分区间与沥青混合料结构参数之间存在一定的相关性，本书基于贝雷法沥青混合料级配设计理论中的级配区间划分标准对集料尺寸区间进行划分，确定关键控制筛孔，研究不同离析程度关键级配区间集料筛余量与孔隙率的关系，从而确定影响沥青混合料孔隙率的关键级配区间。各种关键筛孔的计算如下：

$$D = NMPS \times 0.5 \quad (2\text{-}4)$$
$$PCS = NMPS \times 0.22 \quad (2\text{-}5)$$
$$SCS = PCS \times 0.22 \quad (2\text{-}6)$$
$$TCS = SCS \times 0.22 \quad (2\text{-}7)$$

式中：D 表示半筛孔尺寸(mm)；$NMPS$ 表示级配的公称最大粒径(mm)；PCS 表示主控筛孔尺寸(mm)；SCS 表示集料的第 2 主控筛孔尺寸(mm)；TCS 表示集料的第 3 主控筛孔尺寸(mm)。

根据式（2-4）~式（2-7）计算出不同公称最大粒径级配类型沥青混合关键筛孔尺寸，见表 2-19。

表 2-19 不同公称最大粒径沥青混合料关键筛孔尺寸

最大公称直径/mm		26.5	19	16	13.2	9.5	4.75
D	计算结果/mm	13.25	9.5	8	6.6	4.75	2.375
	对应筛孔/mm	13.2	9.5	9.5	4.75	4.75	2.36
PCS	计算结果/mm	5.83	4.18	3.52	2.904	2.09	1.045
	对应筛孔/mm	4.75	4.75	4.75	2.36	2.36	1.18
SCS	计算结果/mm	1.045	1.045	1.045	0.519 2	0.519 2	0.259 6
	对应筛孔/mm	1.18	1.18	1.18	0.6	0.6	0.3
TCS	计算结果/mm	0.259 6	0.259 6	0.259 6	0.132	0.132	0.066
	对应筛孔/mm	0.3	0.3	0.3	0.15	0.15	0.075

由表 2-19 结果可得，AC-13、AC-20、AC-25 不同级配类型沥青混合料集料尺寸区间划分见表 2-20。

表 2-20　不同级配类型沥青混合料集料尺寸划分区间

级配类型	1	2	3	4	5
AC-13	0～0.3	0.3～1.18	1.18～4.75	4.75～9.5	9.5～16
AC-20	0～0.3	0.3～1.18	1.18～4.75	4.75～9.5	9.5～26.5
AC-25	0～0.3	0.3～1.18	1.18～4.75	4.75～13.2	13.2～31.5

2.4.2　级配区间与空隙率灰关联分析

沥青混合料是由不同粒径尺寸的集料按照一定的配比组成的，不同级配区间的组成对沥青混合料结构参数影响的贡献程度是不确定的。灰关联分析法是将系统因子和主行为之间的相关特征，通过比较分析，计算关联度，从而评价比较序列与主行为的相关性。本书通过灰关联分析法对集料级配划分区间对沥青混合料空隙率变化的影响进行研究。

由表 2-20 中不同级配类型沥青混合料集料尺寸划分区间作为比较序列，不同离析程度沥青混合料空隙率值与比较序列对应结果见表 2-21～表 2-23。

表 2-21　AC-13 沥青混合料灰关联比较序列对应空隙率结果

比较序列	集配区间	离析程度				
		细集料离析	无离析	粗集料轻微离析	粗集料中等离析	粗集料严重离析
X1	0～0.3	15.54	13.5	12.77	12.44	9.77
X2	0.3～1.18	15.49	13	11.16	10.36	7.89
X3	1.18～4.75	35.4	26.5	24.79	18.99	17.08
X4	4.75～9.5	14.68	23.5	27.26	31.38	35.2
X5	9.5～16	18.89	23.5	24.03	26.83	30.07
空隙率		2.6	4.3	5.1	5.9	7

表 2-22　AC-20 沥青混合料灰关联比较序列对应空隙率结果

比较序列	集配区间	离析程度				
		细集料离析	无离析	粗集料轻微离析	粗集料中等离析	粗集料严重离析
X1	0~0.3	12	11	10	9	8
X2	0.3~1.18	12.5	11.5	10.5	9.5	7.5
X3	1.18~4.75	21.5	18.5	15.5	12.5	10.5
X4	4.75~9.5	20	20	20	19	19
X5	9.5~26.5	34	39	44	50	55
空隙率		3.6	4.5	5.4	7	8.4

表 2-23　AC-25 沥青混合料灰关联比较序列对应空隙率结果

比较序列	集配区间	离析程度				
		细集料离析	无离析	粗集料轻微离析	粗集料中等离析	粗集料严重离析
X1	0~0.3	11.7	11	10.3	9.7	8.4
X2	0.3~1.18	13.7	11.5	9.3	8.5	7.1
X3	1.18~4.75	16.4	15.5	14.6	11.8	10
X4	4.75~13.2	30	28.5	27	24.5	23.7
X5	13.2~31.5	28.2	33.5	38.8	45.5	50.8
空隙率		5.2	6	6.9	8.1	9.2

计算比较序列与参考序列关联系数，计算公式如式（2-8）所示。

$$\xi_i(k) = \frac{\min\limits_{i}\min\limits_{k}|x_0(k)-x_i(k)| + \rho \cdot \max\limits_{i}\max\limits_{k}|x_0(k)-x_i(k)|}{|x_0(k)-x_i(k)| + \rho \cdot \max\limits_{i}\max\limits_{k}|x_0(k)-x_i(k)|} \quad (2\text{-}8)$$

式中：$\xi_i(k)$ 为比较序列相对参考序列的第 k 个时刻做差的结果，用来表示两者直接的关联程度；ρ 表示分辨系数，取值在 [0，1] 之间，通常取值为 0.5。

由公式（2-8），分别计算出 AC-13、AC-20、AC-25 沥青混合料不同集配区间集料与空隙率的相关系数，结果见表 2-24~表 2-26。

表 2-24　AC-13 沥青混合料级配区间与空隙率的相关系数

级配区间/mm	关联系数					关联度 ξ
0~0.3	1	0.64	0.57	0.50	0.42	0.63
0.3~1.18	1	0.62	0.53	0.43	0.35	0.59
1.18~4.75	1	0.74	0.52	0.45	0.33	0.61
4.75~9.5	1	0.94	0.94	0.94	0.90	0.94
9.5~16	1	0.94	0.92	0.82	0.87	0.91

表 2-25　AC-20 沥青混合料级配区间与空隙率的相关系数

级配区间/mm	关联系数					关联度 ξ
0~0.3	1.00	0.74	0.58	0.50	0.43	0.648
0.3~1.18	1.00	0.66	0.52	0.45	0.39	0.605
1.18~4.75	1.00	0.70	0.50	0.40	0.33	0.586
4.75~9.5	1.00	0.83	0.67	0.61	0.56	0.734
9.5~26.5	1.00	0.92	0.84	0.83	0.79	0.874

表 2-26　AC-25 沥青混合料级配区间与空隙率的相关系数

级配区间/mm	关联系数					关联度 ξ
0~0.3	1.00	0.71	0.58	0.50	0.46	0.650
0.3~1.18	1.00	0.68	0.54	0.41	0.33	0.592
1.18~4.75	1.00	0.69	0.48	0.43	0.39	0.598
4.75~13.2	1.00	0.81	0.63	0.55	0.50	0.698
13.2~31.5	1.00	0.98	0.98	0.99	1.00	0.989

由表 2-24~表 2-26 中 AC-13、AC-20、AC-25 沥青混合料不同级配划分区间与空隙率的灰色关联相关系数结果可知：对于 AC-13 级配类型沥青混合料，其级配区间灰色关联分析关联度 $\xi_{4.75~9.5mm} > \xi_{9.5~16mm} > \xi_{0~0.3mm} > \xi_{1.18~4.75mm} > \xi_{0.3~1.18mm}$，结果表明对于 AC-13 沥青混合料，4.75~9.5 mm 档区间集料和 9.5~16 mm 档区间集料的筛余量对沥青混合料的空隙率影响较大；对于 AC-20 级配类型沥青混合料，其级配区间灰色关

联分析关联度 $\xi_{9.5\sim26.5mm} > \xi_{4.75\sim9.5mm} > \xi_{0\sim0.3mm} > \xi_{0.3\sim1.18mm} > \xi_{1.18\sim4.75mm}$，结果表明对于 AC-20 沥青混合料，其 9.5~26.5 mm 档集料区间的集料筛余量对沥青混合料的空隙率影响较大；对于 AC-25 级配类型沥青混合料，其级配区间灰色关联分析关联度 $\xi_{13.2\sim31.5mm} > \xi_{4.75\sim9.5mm} > \xi_{0\sim0.3mm} > \xi_{1.18\sim4.75mm} > \xi_{0.3\sim1.18mm}$，结果表明对于 AC-25 沥青混合料，其 13.2~31.5 mm 档集料区间的集料筛余量对沥青混合料的空隙率影响较大。

2.5　本章小结

本章结合沥青混合料离析的概念、级配离析与温度离析的表现形式，在试验室对沥青混合料结构参数受离析程度影响的变化规律进行研究，主要结论如下：

（1）根据离析的定义，进行室内离析沥青混合料配合比设计，通过假设集料表面沥青膜厚度相同，计算出不同离析程度沥青混合料最佳沥青用量。

（2）通过室内马歇尔试验进行离析沥青混合料体积结构参数的测定试验，研究沥青混合料结构参数受离析程度影响的变化规律，结果表明随着沥青混合料离析程度的增加，其结构参数也随之产生变化。其中，沥青混合料试件随着离析程度从细集料离析至粗集料严重离析，其空隙率随之增加，具有较高的相关性，并根据不同离析程度沥青混合料与空隙率的关系，提出基于空隙率变化的离析评价指标。

（3）根据贝雷法对沥青混合料级配进行区间划分，并通过对不同离析程度沥青混合料空隙率与级配划分区间内集料筛余率进行灰关联分析，结果表明：对于 AC-13 沥青混合料，其 4.75~9.5 mm 档区间集料和 9.5~16 mm 档区间集料的筛余量对沥青混合料的空隙率影响较大；对于 AC-20 沥青混合料，其 9.5~26.5 mm 档集料区间的集料筛余量对沥青混合料的空隙率影响较大；对于 AC-25 沥青混合料，其 13.2~31.5 mm 档集料区间的集料筛余量对沥青混合料的空隙率影响较大。因此，分别以 4.75~13.2 mm、9.5~19 mm、13.2~26.5 mm 级配区间作为 AC-13、AC-20、AC-25 沥青混合料空隙率影响的关键级配区间，为后续均匀性评价提供理论依据。

3 摊铺沥青混合料数字图像预处理方法

数字图像处理技术具有快速、准确、能量化的特点。随着公路工程行业的发展，数字图像处理技术在公路工程中得到了广泛的应用。本书基于数字图像处理技术，针对摊铺沥青混合料数字图像中沥青混合料集料颗粒粘连问题，提出适用于摊铺沥青混合料数字图像集料颗粒分割的预处理方法。

3.1 数字图像技术基础及原理

3.1.1 数字图像概念

图像是指通过一定的形式或手段被人眼直接或间接观察获得的实体。通常按照图像类型将图像分为模拟图像和数字图像[115-119]。模拟图像在图像空间中具有均匀连续变化的光照位置、光照强度；数字图像的光照位置和光照强度为非连续变化，在图像中为离散的数据。将模拟图像从连续的色调进行数字化的数据量化，从而获得数字图像[120-122]。如图3-1所示为模拟图像的数字化。

在将采集设备采集到的模拟图像进行数字化转化之前，先将感知空间上连续的图像转变为一系列离散点的操作，被称作图像的采样[123]，如图3-2所示。

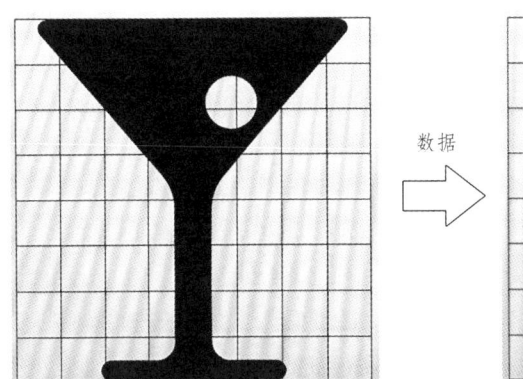

图 3-1 模拟图像数字化

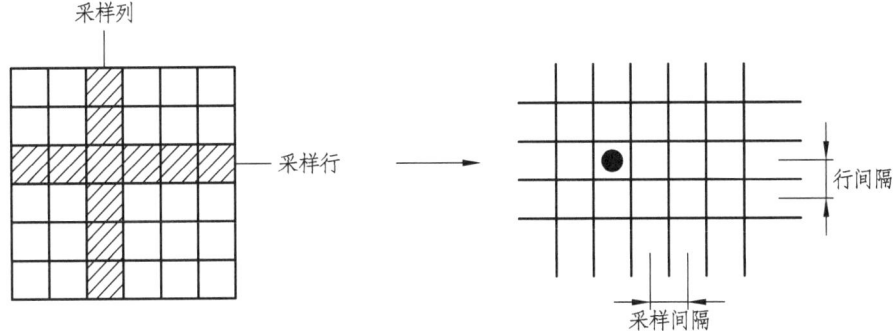

图 3-2 图像的采样过程

图像经过采样后得到的行列数的大小决定了图像的总像素个数，采样的数量越多，则图像的分辨率就越高[124]。

一般情况下，数字图像质量与采样中采样点间的距离有关。若采样的间隔距离较大，则采样得到的图像像素点较少，图像会出现模糊现象，质量差；若采样的间隔距离较小，则采样得到图像像素较多，图像清晰，质量好，但是数据量大。[125-128]

模拟图像经过采样后虽然转变成一系列的离散点，但是每个像素点还是连续的变量，计算机不能直接对其进行处理，需要将感知空间上连续的像素灰度值转变为离散的灰度值，这个操作被称作图像的量化，如图 3-3 所示。

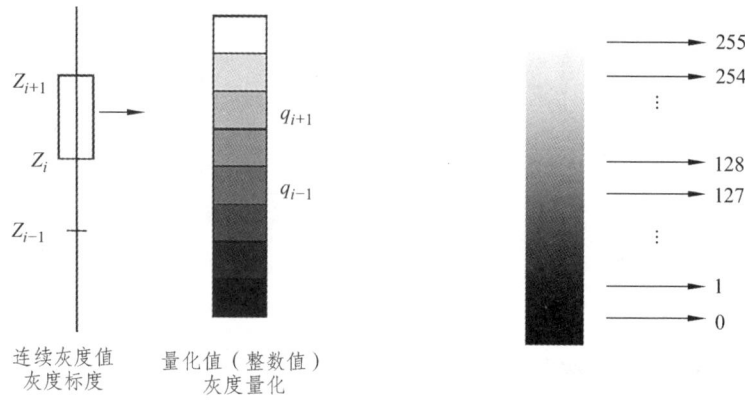

图 3-3　图像的量化

数字图像的质量受量化中选取的量化等级影响。通过较多的等级对图像进行量化,图像在经过量化后可获得丰富的层次,从而提高图像质量,灰度的分辨率越高,但是数据量大;若选取的量化等级越少,则图像层次少,图像模糊,质量差。

3.1.2　数字图像的表示类型

二维图像被计算机储存为二维数组 $f(x,y)$ 矩阵,其中 x、y 代表图像中像素在图像空间中对应的坐标,而组成矩阵的元素由不同的色彩信息值构成,灰度图像中为表示像素的灰度值,而彩色图像中为 R、G、B 三个色彩通道的值。通常由如下 M 行、N 列的矩阵进行表示。

$$F = \begin{bmatrix} f(1,1) & \cdots & f(1,N) \\ \vdots & & \vdots \\ f(M,1) & \cdots & f(M,N) \end{bmatrix}$$

1. 灰度图像

像素点在灰度数字图像中仅由一个色彩采样信息组成。一般来说,灰度图像是将纯黑到纯白之间的灰度划分为不同的级别。灰度图像中的每一个像素点只有一个数据通道,通过 0~255 个灰度级表示图像的由亮到暗,当图像中某一像素点的灰度值为 255 时,则该点在图像中为黑色。灰度图像如图 3-4 所示。

图 3-4 灰度图像

2. 二值图像

二值图像即我们通常所说的黑白图像,由两个数值"0"和"1"组成的图像,其中"0"代表黑色,1 代表白色,如图 3-5 所示。

将灰度图像转变成二值图像,能够突出感兴趣区域,同时提高后续计算机处理效率,二值图像具有数据量小,对显示图像中的图像形状及轮廓特征具有较好的效果。

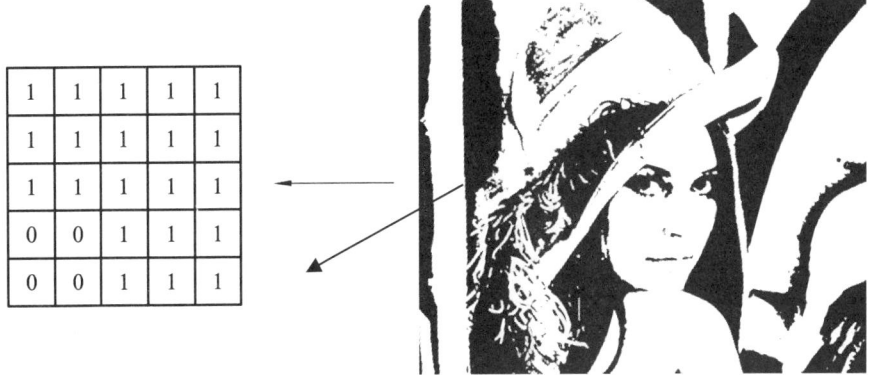

图 3-5 二值图像矩阵

3. RGB 图像

RGB 图像即为与人眼感官类似的真彩色图像,与灰度图像不同,RGB 图像每一个像素点的矩阵是由红、绿和蓝 3 种颜色的数据组成,分别对应矩阵图像的 red、green、blue 三通道分量，RGB 真彩图像可以看成由 R、G、B 三通道图像叠加形成的彩色图像。RGB 图像矩阵如图 3-6 所示。RGB 图像的数据类型可以是 double、unit8、unit16，则对应的取值范围为 [0，1]、[0，255]、[0，65 535]。

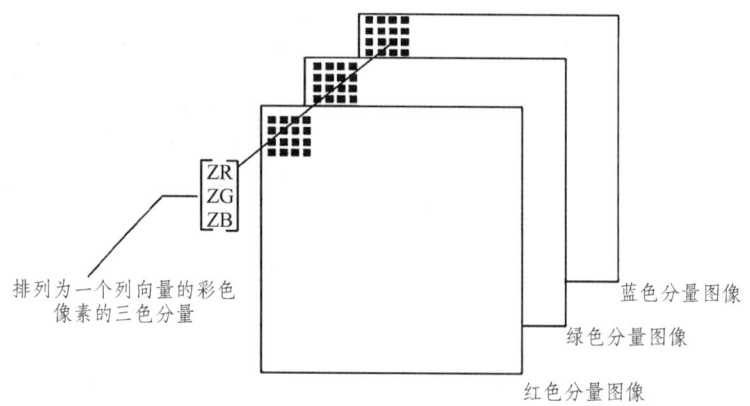

图 3-6　RGB 图像矩阵

4. 索引图像

索引图像是将像素值直接作为 RGB 调色板颜色矩阵下标的图像，颜色矩阵元素的取值范围为 [0，1]。

索引模式的图像只有一个图层，并且只有一个索引彩色通道，因此索引图像比 RGB 图像数据量小，所需储存空间小；同时，索引图像可以根据独特的索引标识还原 RGB 图像。

3.2　沥青混合料图像采集方法

3.2.1　采集设备的选择

本书通过高清工业相机实现对摊铺沥青混合料数字图像的快速采集。而按照相机感光芯片的不同，工程应用中常用的工业相机有电荷耦合器件（CCD）工业相机，和互补金属氧化物半导体（CMOS）工业相机，如图 3-7 所示。

（a）CCD 相机　　　　　　（b）COMS 相机

图 3-7　工业相机

COMS 工业相机作为工业应用中最主流的相机，是一种可以直接将采集到的光电信号转化为电荷信号并进行转移存储和信号读取的固体成像设备。COMS 相机具有功耗低、延迟低、集成性高、智能化数字化程度高等特点，目前在生物医学、精密化工等领域得到了广泛的应用。因此，本书采用 COMS 高清工业相机对摊铺沥青混合料数字图像进行采集。

3.2.2　采集方案

本书依托云南东川高速公路摊铺路面的上、中、下面层，对压实前松铺沥青混合料进行图像采集。在利用设备采集图像时，应保证图像的光照均匀，以免对预处理结果造成影响。经现场考察，拍摄高度为 600 mm 时便于施工中进行图像采集，采集到的图片尺寸为 2 736 像素 × 2 736 像素，对应的实际路面尺寸为 565 mm × 565 mm。图 3-8、图 3-9 所示为现场图像采集及采集到的摊铺沥青混合料图像。

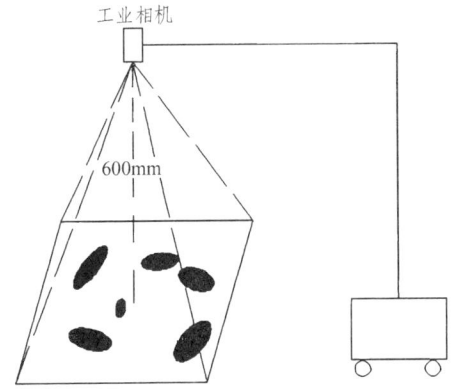 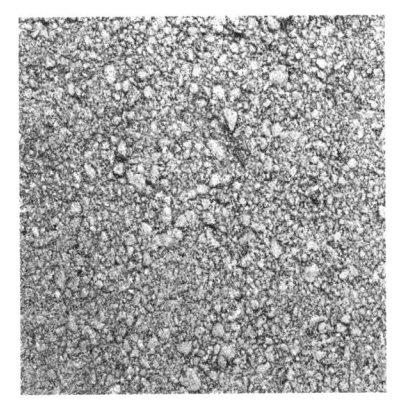

图 3-8　沥青混合料图像采集示意图　　图 3-9　采集的摊铺沥青混合料图像

3.3 摊铺沥青混合料数字图像预处理

在通过采集设备获得的摊铺沥青混合料数字图像中,集料受到沥青胶浆的裹覆,如图 3-9 所示,集料颗粒很难直接被提取出来。因此,为了消除沥青混合料图像中无用的信息,准确地对集料颗粒进行提取,需要对摊铺沥青混合料数字图像进行预处理。

本书通过对摊铺沥青混合料图像进行灰度化、平滑滤波处理、图像增强处理,以实现集料颗粒提取的增强处理,为后续颗粒分割奠定基础。

3.3.1 彩色图像灰度化

所谓灰度化处理,是将采集的 RGB 彩色图像转换为灰度图像,即使彩色图像中 R、G、B 三个通道的分量值相等,其中 R、G、B 分别代表红色通道、绿色通道、蓝色通道。灰度化处理的目的是减少计算的数据量,以便后续图像处理。

灰度化主要的 3 种处理方式如下:

(1)最大值法:定义图像三个通道 R、G、B 中的最大值为图像灰度值,即 R = G = B = max(R, G, B)。最大值法因会造成图像呈现亮度高的特点而不被广泛使用。

(2)平均值法:定义对图像 3 个通道 R、G、B 直接求平均值作为图像灰度取值,即将彩色图像中红、绿、蓝的 3 个数值求平均数作为灰度值,从而实现灰度化。平均值法得到的灰度图像呈现柔和的特点。

(3)加权平均值法:依据重要性或者其他指标赋予 R、G、B 不同的权值,定义图像 3 个通道 R、G、B 中的加权平均值为图像灰度值,即 R = G = B = $WR + VG + UB$,W、V、U 分别表示权重。根据人眼对红、绿、蓝三色的敏感程度不同,通过试验和理论证明,当 $W = 0.30$,$V = 0.59$,$U = 0.11$ 时,即 Gray = $0.299 \times R + 0.587 \times G + 0.114 \times B$,能得到最合理的灰度图像。本书采用加权平均值法,通过 MATLAB 中的自带函数代码 rgb3gray( ) 实现对 RGB 彩色图像的灰度化处理。

通过加权平均值灰度化处理将摊铺沥青混合料 RGB 图像转化为灰度图像,如图 3-10、图 3-11 所示。

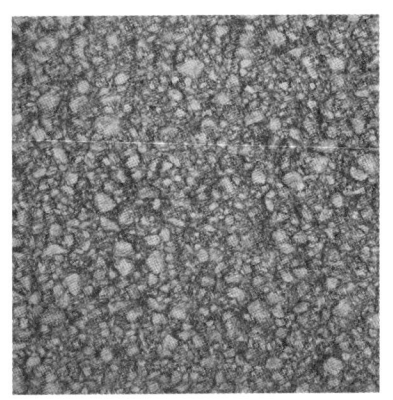 

图 3-10　沥青路面的 RGB 图像　　图 3-11　沥青路面的灰度图像

3.3.2 灰度图像的滤波处理

在图像处理中，最常见的噪声类型主要存在于图像传感器信道和解码处理中由于脉冲信号强度变化而产生的呈黑白相间点状的椒盐噪声（salt-and-pepper noise）。当图像存在椒盐噪声时，会使图像中的有效信息产生误差，从而影响后续分割的准确性，使特征提取错误，导致图像处理结果无效。因此，为了减少噪声对图像的影响，需要通过滤波处理对图像进行平滑化。

在对图像进行滤波降噪处理时，应根据实际情况选择滤波方法，以免在滤波的过程中对图像的清晰度造成影响。

滤波方法对摊铺沥青混合料图像的降噪效果研究表明：采用中值滤波进行图像平滑化处理，能在较好地保留沥青混合料图像有效信息的同时，实现对图像噪声的滤波降噪处理，保留图像中的轮廓信息等细节；而采用均值滤波法对图像进行平滑化处理后，图像中集料颗粒的变化出现模糊化现象，对后续集料提取造成一定的影响。因此，本书采用中值滤波对摊铺沥青混合料图像进行平滑化处理。

滤波是以滤波器为窗口，将特定的频率成分滤除的一种数学工具，是抑制图像识别的一项重要措施。滤波分为空间域滤波和频率域滤波。空间域滤波是基于点运算的方法，包括中值滤波、维也纳滤波等，适用于消除噪声等干扰因素。频率域滤波是基于空间运算的方法，指在图像空间中借助模板处理图像的每一个像素值。频率域滤波主要分为低通滤波和高通滤波。

中值滤波的转化公式为：

$$g(x,y) = \text{Med}\{f(x-k,y-l)\} \quad k \in M, l \in N \tag{3-1}$$

通过 MATLAB 软件代码库中 medfilt2 中值滤波函数代码实现摊铺沥青混合料图像的降噪滤波，具体实现代码如下。

B=medfilt2(A,[m,n])

通过中值滤波降噪处理前后的沥青混合料灰度图像如图 3-12、图 3-13 所示。

图 3-12 未滤波的灰度图像

图 3-13 滤波后的灰度图像

3.3.3 图像增强

为了能够突出沥青混合料数字图像中集料的轮廓信息，便于后续进行图像分割，需要对平滑化后的图像进行图像增强处理。

灰度直方图呈现的是图像中各级灰度级像素出现的频率与灰度级的关系，也就是统计一幅图像中每一个像素出现的次数。其数学定义如式（3-2）所示：

$$P(r_k) = \frac{n_k}{N}(k=0,1,2,\cdots,L-1) \tag{3-2}$$

式中：N 代表该幅图像总像素；n_k 代表第 k 级灰度的像素个数；$P(r_k)$ 代表 r_k 灰度级出现的相对频数；r_k 代表第 k 个灰度级；L 代表灰度级数。

直方图均衡化（Histogram Equalization）是指将图像的灰度直方图进

行非线性拉伸,以增强图像整体的对比度,增强摊铺沥青混合料数字图像中集料的轮廓信息。

直方图均衡化又称直方图平坦化,可将给定图像的直方图分布改变成呈平坦化特征。直方图均衡化的思想是将灰度直方图中灰度值相对集中的区间变成在整个区间范围内均匀分布的区域。其目的是增强图像的对比度、突出目标主体的特征以及消除光照不均匀等干扰。

通过调用 MATLAB 自带的函数 imhist( )绘制灰度化处理后摊铺沥青混合料图像的颗粒图像,然后通过调用 MATLAB 中自带的函数 histep( )对灰度图像进行直方图均衡化处理。

采用直方图均衡化处理前后的摊铺沥青混合料图像如图 3-14、图 3-15 所示。

 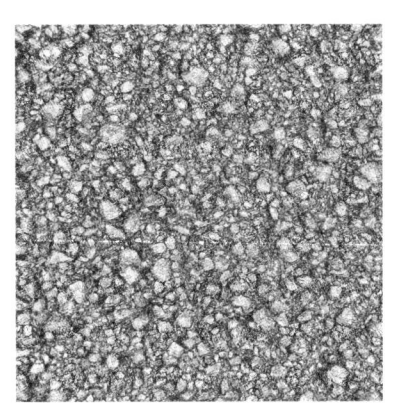

图 3-14　未经直方图均衡化的灰度图　　　图 3-15　采用直方图均衡化后的灰度图像

3.4　沥青混合料图像的阈值分割

图像分割是将图像中感兴趣的部分进行提取,将其余部分作为背景的过程。阈值分割是图像分割中最基本、最常用的分割技术之一,因具有计算速度快、稳定性高的特点而被广泛运用于各种领域,例如在医学上对血液中白、红细胞进行分割处理并统计数目,医学 CT 图像分割,农业中水果产品质量优劣检测、稻米质量检测等,工业中产品质量检测,等等。

阈值分割的核心原理是利用背景区域和目标的灰度值差异，根据图像直方图的灰度值变化特点，在图像灰度值变化的范围内选取一个合理的灰度值作为分割阈值，通过比较图像中像素点灰度值与选定阈值的大小，根据比较的结果将对应的像素点分成目标与背景两部分区域，从而达到分割的目的。

阈值分割的数学表达方式如下：将原图像中的灰度函数 $f(x, y)$，以一个合适的阈值 T 为分界线，对图像进行分割处理，得到新的像素函数为 $g(x, y)$，将图像大于等于 T 的目标区域的像素转换为 1，将小于 T 的背景区域像素转换为 0。也就是图像的二值化过程，如公式（3-3）所示。

$$g(x,y) = \begin{cases} 1, f(x,y) \geq T \\ 0, f(x,y) < T \end{cases} \quad (3\text{-}3)$$

图像中不同目标的灰度值都存在不同的数值区间，图像前景和背景的灰度分布往往存在各自的分布规律。由公式（3-3）阈值分割公式可知，只有确定了合适的阈值，将大于此阈值的目标像素点的灰度值转换为 1，作为前景目标被提取，将小于该阈值的目标像素点的灰度值转换为 0，作为背景被消除，这样才能实现图像的分割。因此，图像的阈值分割（二值化）中阈值 T 的选取决定了图像分割对颗粒提取的准确性。对于摊铺沥青混合料图像，需要选择合适的阈值分割方法，确定合适的阈值，才能实现对集料颗粒与沥青胶浆的准确分割。通过双峰法和自定阈值对图像进行分割无法满足工程应用中图像样本的普遍适用性，且效率太低。

大津法阈值分割又称最大类间方差分割法（OTSU 法），是 1979 年由日本学者大津所提出的，其特点是通过最大类间方差作为确定图像全局灰度的标准，通过自适应阈值选取，对图像进行分割。进行图像分割时，灰度阈值的选取决定了图像的分割效果，大津法可以较为准确地选择灰度最佳阈值，大大减少了分割的错误率。

最大类间方差（大津法）对于图像的分割通过以下公式实现：

$$P_q = \frac{n_q}{n}(q = 0,1,2,3,\cdots,L-1) \quad (3\text{-}4)$$

式中：n 表示像素的总量；q 表示图像的灰度级；n_q 表示该灰度级的总像素数。

由公式（3-4），图像灰度级的最大类间方差通过如下公式表示：

$$\sigma^2(k) = \frac{[m_G P_1(k) - m(k)]^2}{P_1(k)[1-P_1(k)]} \quad (3-5)$$

式中：

$$P_1(k) = \sum_{i=0}^{k} p_i$$

$$P_2(k) = 1 - P_1(k)$$

$$m_G = \sum_{i=0}^{L-1} i \times p_i \quad (3-6)$$

由公式（3-5）可知，k 值即为阈值分割的最佳阈值 T，由最大类间方差原理，最佳的分割阈值 T 即为公式（3-5）中最大类间方差 σ^2 取最大值时的 k 值。

通过 MATLAB 软件中计算最大类间方差的代码 graythresh 计算出灰度分割最近阈值 T，并通过代码 im2bw 对图像进行分割。具体实现代码如下：

T=graythresh(I)
BW=im2bw(I,T)

其中：I 为灰度图像像素矩阵；

T 为确定的最大类间方差图像最佳分割阈值；

BW 表示分割后二值图像。

通过最大类间方差（大津法）对摊铺沥青混合料进行图像分割，确定图像最佳分割阈值，分割得到的摊铺沥青混合料二值图像如图 3-16 所示。

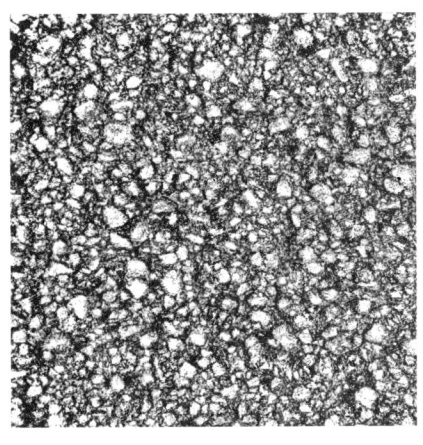

图 3-16　摊铺沥青混合料二值图像

由图 3-16 可知，图中集料颗粒被分割出来，沥青胶浆作为背景被去除。

3.5 沥青路面图像的形态学处理

图像形态学处理是按照数学理论中的几何学原理与集合理论，将阈值分割后的二值图像中所有像素采用一定形态的结构元素进行图像遍历，从而实现目标边界和连通区域的度量和提取。形态学处理应用广泛，可以将图像数据进一步简化，删除掉干扰像素点，进一步还原图像感兴趣的区域，对图像分割进行补充。

在对二值图像进行形态学处理时，往往采用多种形态学基本运算结合处理，如图像的腐蚀膨胀、开运算、闭运算等[127]。

3.5.1 图像形态学的腐蚀和膨胀

图像膨胀的基本思想是将图像上所有的像素点与结构元素（如 diamond、disk、line）做卷积运算，使得图像中目标区域向外扩张，实现目标区域内小孔填充和边缘凹陷处的填补。

腐蚀是膨胀的相反操作，其基本思想是图像上所有的像素点与结构元素（如 diamond、disk、line）做卷积运算，使得目标区域的边界向内收缩，实现断开狭窄细小的连接，去除图像中无关意义的像素点。

腐蚀运算的数学表达为：$A \ominus B = \{Z|(B), Z \subseteq A\}$，其中 A 和 B 是 Z 的子区间，$A \ominus B$ 表示 B 对 A 的腐蚀。

通过 MATLAB 软件调用自带的函数对粗集料图像进行膨胀和腐蚀运算，分别为 imdilate 函数和 imerode 函数。其调用程序代码如下：

    I=imdilate(I,se)

    I=imerode(I,se)

式中：se 为结构元素，由 strel 函数得到。其调用程序为：

    se=strel(shape,parameters)

式中：shape 代表结构元素形状，例如 diamond、disk、line 等；parameters 代表控制形状参数大小方向的参数。

3.5.2 图像形态学的开、闭运算

将图像形态学中的腐蚀与膨胀结合进行处理,被称为形态学处理中的开运算、闭运算。

闭运算的基本思想是对图像先进行膨胀操作然后再进行腐蚀操作,在不影响结果精度的前提下,实现目标区域空洞的填充、连接相邻的目标区域等。

闭运算表示为 $A \cdot B$,其运算数学表达式为 $A \cdot B = (A \oplus B) \ominus B$。

开运算是闭运算的反向操作,实现断开目标区域狭小连接、细小的突起部分以及平滑目标区域的边缘。

开运算表示为 $A^0 B$,其运算数学表达式为 $A^0 B = (A \ominus B) \oplus B$。

在 MATLAB 软件中调用自带的函数代码对粗集料图像进行闭运算和开运算,分别为 imclose 函数、imopen 函数,其调用程序如下:

    I=imclose(I,se)

    I=imopen(I,se)

式中:se 为结构元素,由 strel 函数得到。其调用程序为:

    se=strel(shape,parameters)

式中:shape 表示调用图像中所分割出来的颗粒形状的代码;parameters 代表控制形状参数大小方向的参数。

在对图像进行前处理的相关操作后,由于目标区域出现轻微粘连、边缘不平滑等现象,通常需要循环使用腐蚀、膨胀、开闭运算等形态学处理操作,对目标边界的凹陷和孔洞进行填充,实现目标的准确提取,以达到更好的图像预处理效果。

3.5.3 二值图像的面积过滤和孔洞填充

由于物体表面纹理情况复杂、受到光照不均匀以及其他无关干扰因素的影响,经过直方图均衡化、滤波平滑化、阈值分割、形态学处理后的图像,目标区域内部存在孔洞现象和残余小颗粒。目标区域的孔洞会影响像素统计,进而对计算结果造成误差,因此需要对孔洞进行填充;残余小颗粒影响后续的图像分析和参数统计,因此需要过滤小面积颗粒。

MATLAB 软件提供了相应的函数对图像中的小面积进行过滤,对图

像中的孔洞进行填充，分别为 bwareaopen 函数 imfill 函数。其调用程序如下：

BW=bwareaopen(BW,P,conn)
BW2=imfill(BW,'holes')

3.6 粘连颗粒的分水岭分割方法

通过对摊铺沥青混合料进行数字图像预处理和阈值分割得到摊铺沥青混合料二值图像，如图 3-17 所示。由图可知，沥青混合料图像中的集料颗粒被提取出来，但将二值图像通过图像处理软件进行放大，观察集料颗粒分割细节（图 3-18）后发现，虽然集料颗粒与沥青胶浆被分离，集料颗粒作为目标被提取出来，但分割提取的集料颗粒之间存在着颗粒相互粘连的情况，严重影响了集料颗粒分割提取的准确性。如不对粘连颗粒进行进一步的分割，会对均匀性评价结果造成影响。

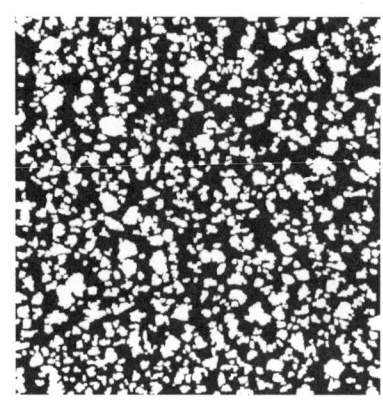 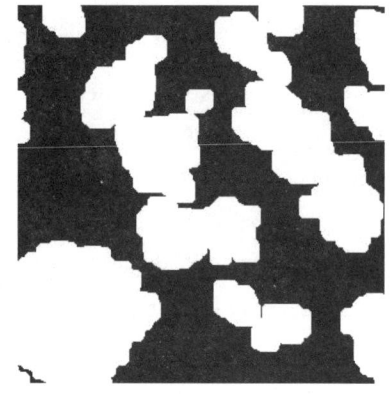

图 3-17　预处理后沥青混合料　　图 3-18　二值图像中集料颗粒
　　　　　二值图像　　　　　　　　　　　　粘连现象

经过预处理后的二值图像颗粒粘连的分割问题，是目前数字图像处理技术研究的重点。针对这一问题，基于距离变换的分水岭算法、基于形态学的分割算法和基于凹点匹配的分割算法是目前最为常用的分割算法。其中，基于距离变换的分水岭分割算法在处理图像颗粒粘连问题中应用最为广泛。

3.6.1 基于距离变换的分水岭算法

分水岭算法是以地理学的地貌特征为基本原理,将图像中像素点的灰度值视为地理学地貌上的海拔高程,集水盆地指的是灰度值的极小值区域。将图像中灰度值相邻且相近的点连通构成封闭的区域,形成分水岭,如图 3-19 所示。

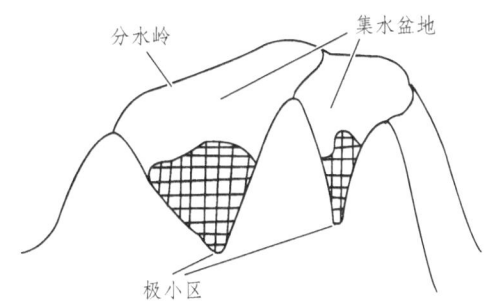

图 3-19 分水岭示意图

基于分水岭的概念,通过变化二值图像中每一个像素点与图像背景边界的像素距离,将其中的最小值替换到原图像中像素点的值上,从而将二值图像重新转化为灰度图像,这样的方法称为图像的距离变换。这一概念是由 Rosenfeld 和 Pfaltz 于 1966 年所提出,之后被广泛应用于分水岭分割算法中,用来解决二值图像中颗粒的粘连问题,称为基于距离变换的分水岭分割算法[128]。

采用欧氏距离变换的处理方法在 MATLAB 软件中的实现方式为:利用 bwdist( ) 函数,将二值图像 A 的像素矩阵通过欧氏距离变换转换成灰度图像像素矩阵 D。

准确地设定分水岭分割的分水岭脊线对图像粘连颗粒的准确分割起着关键的作用。通过 MATLAB 软件的 watershed( ) 函数搜寻灰度图像中的分水岭脊线,完成粘连颗粒的分水岭分割,得到新的像素矩阵 L。通过如下代码进行实现:

```
L=watershed(D,conn)
```

其中:conn 在程序组默认为 8 邻域。

将沥青混合料预处理后的二值图像通过欧氏距离变换分水岭算法对图像中粘连集料颗粒进行分割,观察粘连颗粒的分割效果,如图 3-20 所示。

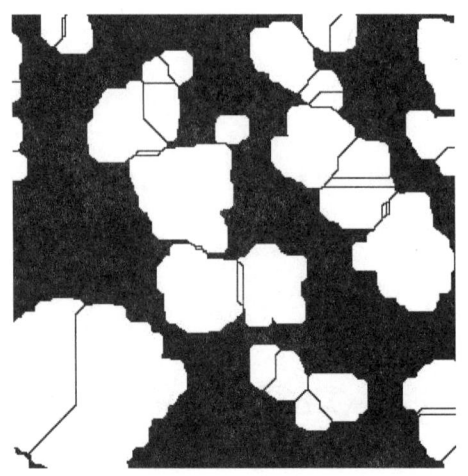

图 3-20 过分割现象

由图 3-20 可以看出,基于距离变换的分水岭算法对微弱的边缘过于敏感,对图像中的噪声和物体细微的变化进行了分割,从而产生过分割现象,影响了集料颗粒分割的准确性。

3.6.2 基于扩展极大值变换的分水岭算法

对集料二值图像通过欧氏距离变换得到的距离灰度图像分析可知,图像产生过分割现象是由于灰度图像内部极大值点并不是唯一的,而是存在多个极大灰度值点。为了避免出现过分割现象,本书采用基于扩展极大值变换的分水岭分割方法,能够合并内部存在的多个极大灰度值点,使颗粒图像极大灰度值点唯一化,很大程度上了消除过分割现象,可以准确快速地分割出图像中粘连的颗粒。

从数学角度来说,极大值变换方式通常有如下两种:扩展极大值(Extended-maximum)变换、H 极大值(H-maximum)变换[129]。两种极大值变换的原理如图 3-21 所示。

由图 3-21 可知:灰度化处理后的图像中存在一个区域极大值点,将此大小为 M 的极大值点,通过一个大小为 h 的阈值进行深度缩小变换。H 极大值变换的处理方法是将图像中所有像素点的灰度值在 $M-h$ 以上的点进行变换,将灰度值变换为 $M-h$,其他像素点位灰度值不变;扩展极大值变换算法的处理方法是将图像中所有像素点灰度值在 $M-h$ 以上的像素点的灰度值归一化，其余像素点的灰度值则为 0，简单来说即通过扩展极大值变换将灰度图像转化成二值图像。

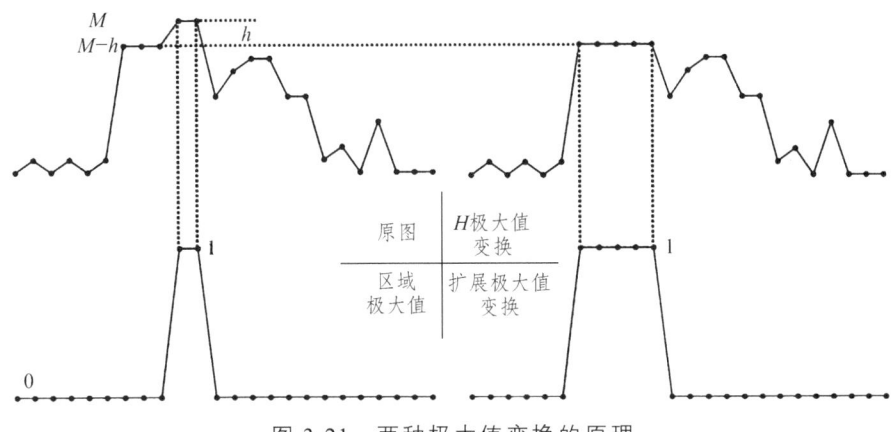

图 3-21　两种极大值变换的原理

通过公式（3-8）对灰度图像实现扩展极大值变换：

$$HMAX_h(f) = R_f^\delta(f-h) \quad (3-7)$$

$$EMAX_h(f) = RMAX[HMAX_h(f)] \quad (3-8)$$

式中：R_f^δ 为抑制深度小于阈值 h 的极大值；$HMAX_h$ 为极大值变换后的图像矩阵；$EMAX_h$ 为扩展极大值矩阵；$RMAX$ 为区域极大值函数。

灰度图像经过距离变换后，图像的灰度值带有小数、大小不同等因素造成在进行扩展极大值变换时 h 阈值不容易获取，阈值 h 的范围是正确分割的关键因素。为保证分割的准确性，通过对灰度图像进行归一化处理，应保证合适的阈值 h 的取值范围。阈值深度的最优范围通过先选取一定范围内的阈值深度 H_0，然后通过逐步增加 Δh 值并对分割后的颗粒个数和极大值个数进行对比。试验研究表明，阈值深度 h 较小时，基于扩展极大值变换的算法具有较高的准确性。

本书采用基于扩展极大值变换的分水岭算法分割粘连颗粒，其基本思想如下：

（1）归一化处理，将灰度图像中大于选取阈值的像素点的灰度值转变为 1。

（2）选取阈值深度，即本书选取合适的阈值深度为 $h = 0.1$，对灰度图像进行扩展极大值变换处理。

(3)标记分水岭脊线,对基于扩展值分水岭算法分割后颗粒的分水岭脊线进行标记。

通过基于扩展极大值变换的分水岭算法对摊铺沥青混合料二值图像进行粘连集料颗粒分割处理,对处理后的图像中粘连颗粒的分割效果进行观察,如图3-22所示。

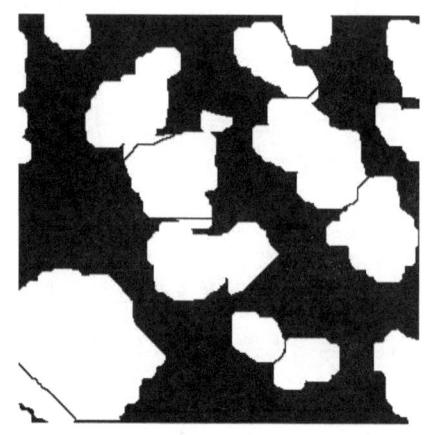

图 3-22　扩展极大值变换后的二值图像

从局部放大图中可以看出,相对于传统分水岭算法,本书算法处理后的图像中粘连颗粒的过度分割现象得到了改善,最终预处理分割得到的沥青混合料二值图像如图3-23所示。

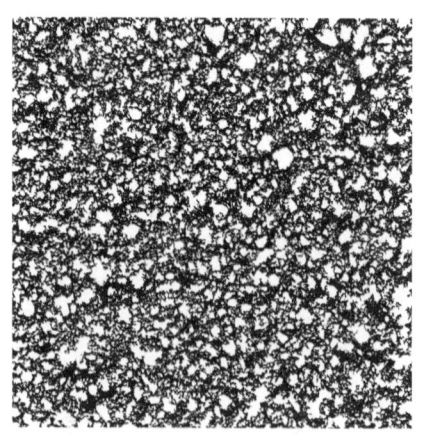

图 3-23　预处理后沥青混合料二值图像

3.7 沥青路面数字图像处理结果的准确性验证

3.7.1 图像中集料颗粒特征参数

颗粒参数的测量是整个测量过程中重要的环节,是对颗粒图像进行处理和分析的最终目的。通常,颗粒参数测量主要包括两个方面:一个是表征颗粒大小的参数测量,另一个是表征颗粒形状参数的测量。其中,表征颗粒大小参数的测量包括周长、面积、粒径、长轴短轴等参数的测量。

通过数字图像预处理技术对摊铺沥青混合料数字图像进行预处理,可以将集料颗粒分割提取。为了后续计算需要,对图像中集料颗粒面积、长短轴等特征参数进行测量。

1. 面积特征参数提取

面积是目标区域的一个基本特征。该参数描述了区域的大小,只与区域边界包围的范围有关,与内部的像素值无关。对于预处理后的摊铺沥青混合料二值图像,计算集料颗粒的面积可以通过统计集料颗粒连通区域内所有像素点的数目来实现,通过 MATLAB 程序可以测量图像中每一个连通区域的像素面积。

2. 等效椭圆长短轴

集料的分档是按照集料可以通过方孔筛的最小尺寸进行定义的,在沥青混合料图像中,可以计算集料颗粒外接椭圆的短轴作为集料分档的标准,如图 3-24 所示。

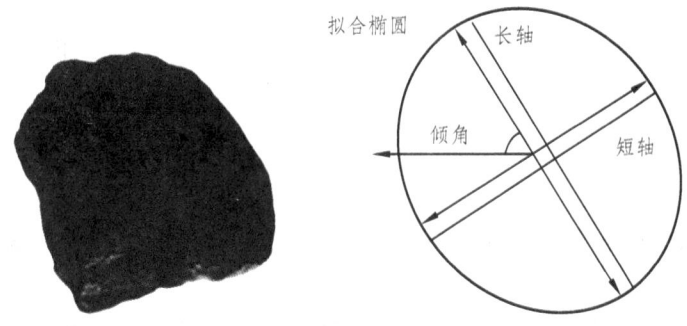

图 3-24 集料颗粒的等效椭圆

3.7.2 沥青路面的颗粒面积比的定义

在摊铺机摊铺后、压路机碾压前对松浦沥青混合料进行图像采集，如图 3-25 所示，图像分辨率为 2 736×2 736。

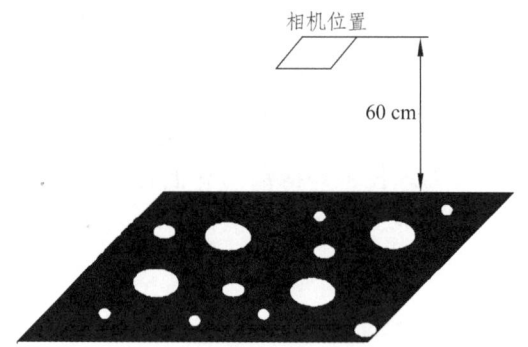

图 3-25　沥青路面采集

计算图像中集料颗粒等效椭圆短轴长度，按照集料实际尺寸对应图像中像素尺寸进行分档。集料实际尺寸对应像素尺寸见表 3-1。

表 3-1　集料实际尺寸对应像素尺寸

实际尺寸/mm	2.36	4.75	9.5	13.2	16	19	26.5	31.5
像素尺寸	11.4	23.0	46.0	63.9	77.5	92.0	128.3	152.5

将图像中集料颗粒的等效椭圆短轴长度按照表 3-1 进行分档，并计算每一档颗粒的面积和。

本书采用沥青混合料二值图像分档后各档集料所占像素面积 P_i 与图像总的像素面积的比值 Z^2 表示各档集料的颗粒占比，记作 A_i，其表达式如公式（3-9）所示。

$$A_i = \frac{P_i}{Z^2} \tag{3-9}$$

式中：P_i 为分档后各档集料颗粒的像素大小；Z 为图像中全部集料颗粒面积和。

沥青混合料图像中集料分档图与最终叠加效果图如图 3-26 所示。

(a)分档图像叠加效果图

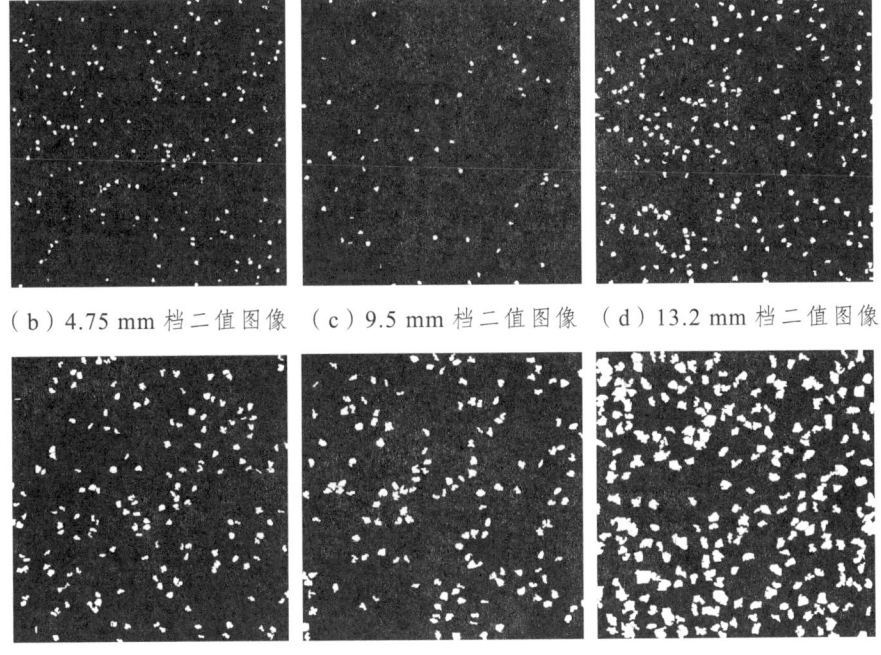

(b)4.75 mm档二值图像　(c)9.5 mm档二值图像　(d)13.2 mm档二值图像

(e)16 mm档二值图像　(f)19 mm档二值图像　(g)26.5 mm档二值图像

图 3-26　沥青混合料图像中集料分档二值图像

以下面层 AC-25 沥青混合料为研究对象,随机选取 6 个摊铺沥青路面点位进行图像采集,并根据公式(3-9)计算图像中各档颗粒占比。摊铺沥青路面分档面积占比见表3-2。

表3-2 摊铺沥青路面数字图像分档面积占比(%)

测点	筛孔尺寸/mm							
	26.5	19	16	13.2	9.5	4.75	2.36	<2.36
1	9	15	7	10	17	25	14	3
2	4	20	7	9	16	24	18	2
3	2	30	8	10	14	20	13	3
4	7	22	12	11	17	18	12	1
5	4	16	9	14	17	21	14	5
6	9	25	13	11	13	16	9	3

3.7.3 沥青混合料筛分试验

由于摊铺沥青混合料数字图像中为松散的沥青混合料,集料颗粒被沥青胶浆裹覆,而对碾压后沥青路面图像对应区域进行钻芯后抽提筛分试验会造成边缘集料的破碎,为了对本书提出的摊铺沥青混合料图像预处理方法准确性进行验证,在采集沥青混合料数字图像后,直接对图像对应区域表面沥青混合料进行翻挖,并松散地平铺在托盘中,待沥青混合料冷却后,直接对翻挖沥青混合料进行筛分。翻挖沥青混合料如图3-27所示。

图3-27 翻挖沥青混合料

图像对应区域翻挖沥青混合料筛分试验结果见表 3-3。

表 3-3　翻挖沥青混合料筛分级配筛余率（%）

测点	筛孔尺寸/mm						
	26.5	19	16	13.2	9.5	4.75	2.36
1	7	16	5	11	18	27	16
2	2	19	8	9	17	26	19
3	2	32	9	10	15	19	14
4	5	21	14	13	15	20	13
5	4	18	7	15	18	22	15
6	10	28	12	14	14	15	9

3.7.4　沥青路面数字图像预处理准确性验证

将表 3-3 中筛分试验结果和各测点图像对应区域筛分试验结果进行对比，如图 3-28 ~ 图 3-33 所示。

将表 3-3 中 6 个测点用筛分所得不同档集料面积占比均值为标准，将表 3-1 中图像分档法所得不同档集料面积占比均值与筛分法所得不同档集料面积占比均值作误差对比，误差分析结果见表 3-4。

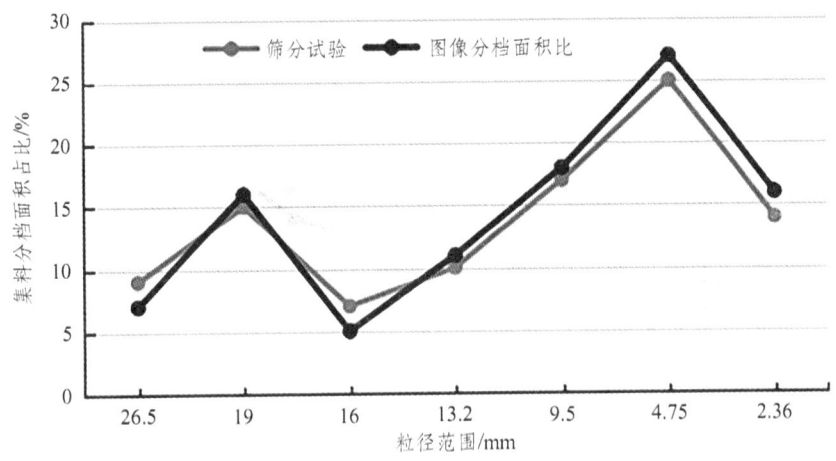

图 3-28　测点 1 摊铺沥青混合料图像分档面积占比与筛分试验对比结果

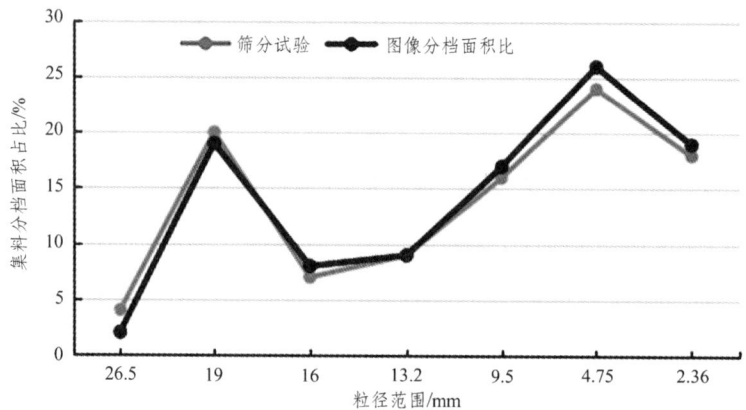

图 3-29　测点 2 摊铺沥青混合料图像分档面积占比与筛分试验对比结果

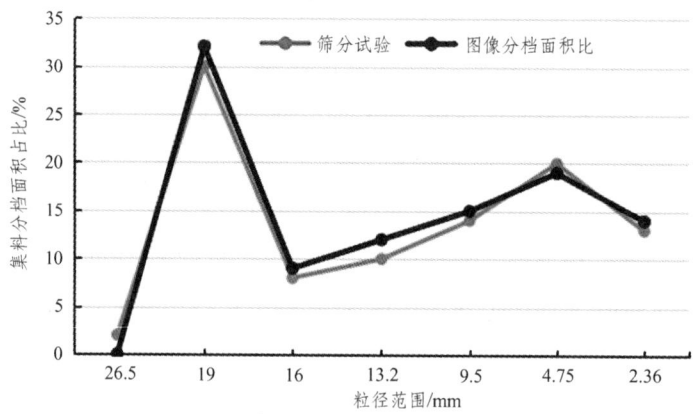

图 3-30　测点 3 摊铺沥青混合料图像分档面积占比与筛分试验对比结果

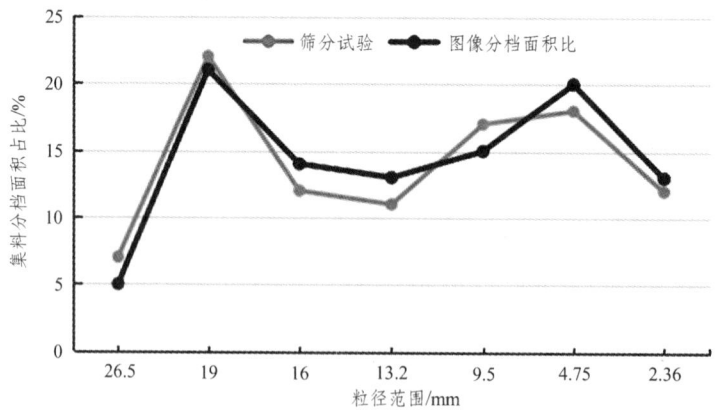

图 3-31　测点 4 摊铺沥青混合料图像分档面积占比与筛分试验对比结果

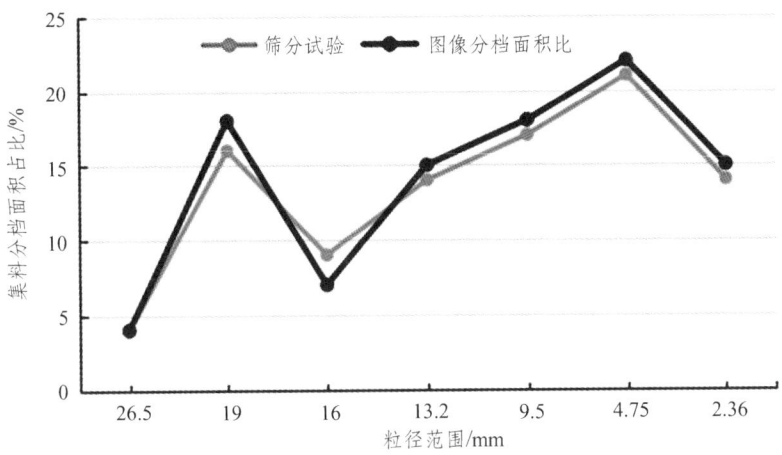

图 3-32 测点 5 摊铺沥青混合料图像分档面积占比与筛分试验对比结果

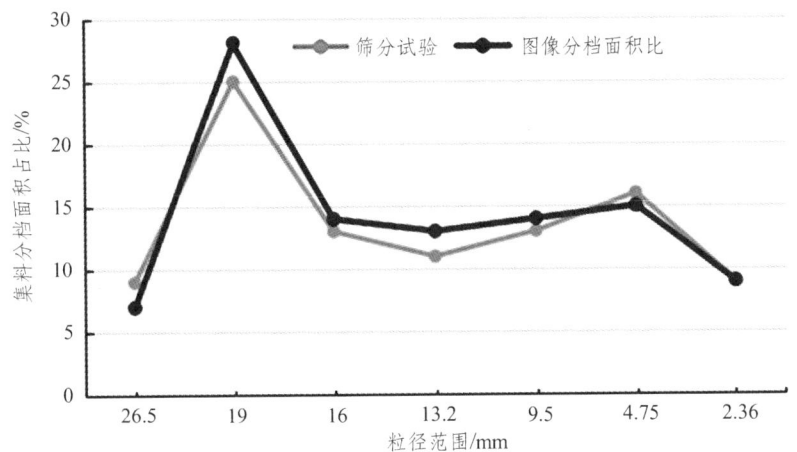

图 3-33 测点 6 摊铺沥青混合料图像分档面积占比与筛分试验对比结果

表 3-4　6 个测点图像法与抽提法不同档面积占比均值误差分析

筛孔尺寸/mm	26.5	19	16	13.2	9.5	4.75	2.23
6 个测点筛分法不同档面积占比均值/%	5	22.33	9.17	12.33	16.17	21.5	14.33
6 个测点图像法不同档面积占比均值/%	5.83	21.33	9.33	10.83	15.67	20.67	13.33
误差百分比/%	16	4	2	12	3	4	7

由表 3-4 中 6 个测点的误差分析情况发现，6 个测点图像法与抽提法不同档面积占比均值误差<20%；且由图 3-28～图 3-33 可知，每个测点两种方法所得不同档面积占比较接近。结果表明，本书提出的基于扩展极大值分水岭分割的摊铺沥青路面数字图像预处理技术具有较高的准确性。

3.8　光照强度对沥青混合料图像预处理影响研究

对于摊铺沥青混合料数字图像，不同的光照条件下经工业相机采集得到的图像亮度信息不同，其图像灰度分布会产生变化。为了研究光照强度对沥青混合料图像预处理的影响，本书依托实体工程，在晴天 9：00、12：00、15：00、20：00 这 4 个时间段，在保证施工条件、图像采集方法一致的条件下，分别采集 5 个点位（共计 20 个点位）摊铺沥青混合料图像，并对图像对应区域沥青混合料进行翻挖，通过将预处理后图像中 9.5 mm 以上集料颗粒占比与图像对应区域翻挖沥青混合料筛分结果中 9.5 mm 以上集料占比进行对比，研究光照强度对沥青混合料图像预处理的影响。

3.8.1　不同光照强度对沥青混合料图像预处理的影响

以中面层 AC-20 沥青混合料为研究对象，晴天日施工 9：00、12：00、15：00、20：00 这 4 个时间段采集的图像如图 3-34 所示。

（a）9：00 拍摄的沥青混合料图像　　（b）12：00 拍摄的沥青混合料图像

（c）15：00拍摄的沥青混合料图像　　（d）20：00拍摄的沥青混合料图像

图 3-34　不同光照条件下摊铺沥青混合料数字图像原图

对 4 种光照条件下采集到的摊铺沥青混合料数字图像进行图像预处理，提取图像中等效椭圆短轴长度大于 9.5 mm 的集料颗粒，如图 3-35 所示为 20：00 拍摄的沥青混合料图像预处理后的二值图像。在 4 种光照条件下，按照公式（3-9）计算二值图像中 9.5 mm 以上集料颗粒占比，结果见表 3-5。

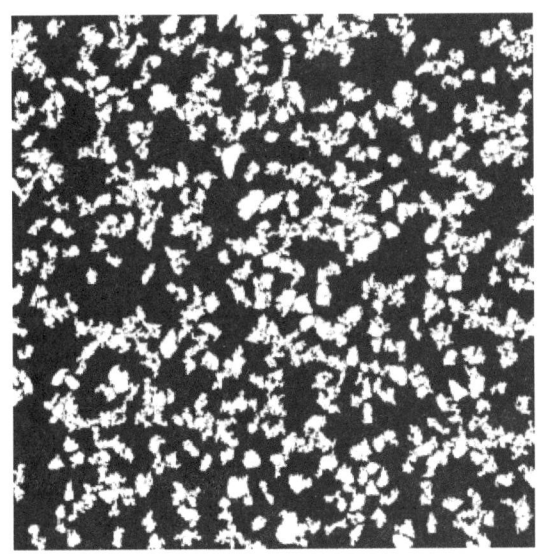

图 3-35　20：00 低照度工况下沥青混合料 9.5 mm 以上集料二值图像

表 3-5　不同采集时间（光照条件）图像中 9.5 mm 以上集料颗粒占比

序号	图像采集时间			
	9:00	12:00	15:00	20:00
1	39%	32%	41%	56%
2	37%	42%	36%	52%
3	35%	38%	37%	49%
4	41%	38%	39%	51%
5	39%	35%	43%	49%
平均值	38.2%	37.0%	39.2%	51%

对图像采集后，振动压路机碾压前对图像对应区域沥青混合料进行翻挖，待翻挖沥青混合料冷却后进行筛分试验，计算翻挖沥青混合料中 9.5 mm 以上集料筛余率，结果见表 3-6。

表 3-6　不同采集时间（光照条件）图像对应沥青混合料筛分试验结果

采集时间	测点	各尺寸筛孔的筛余质量/g				试件总质量/g	9.5 mm 以上占比/%
		9.5 mm	13.2 mm	16 mm	19 mm		
9:00	1	308.8	316.8	354.0	326.7	3 248.6	40
	2	560.1	273.5	269.0	222.5	3 495.5	38
	3	388.4	312.3	232.8	250.9	3 307.3	33
	4	527.3	306.0	322.0	223.2	3 210.8	43
	5	361.5	317.3	182.9	363.6	3 036.0	40
	平均值	429.2	305.2	272.1	277.4	3 259.6	38
12:00	1	218.5	167.3	236.2	284.5	3 021.7	30
	2	475.9	307.3	289.5	261.2	3 102.1	43
	3	336.1	231.2	267.8	296.5	3 058.3	37
	4	348.6	296.3	258.1	211.6	3 012.3	37
	5	244.9	308.8	232.8	207.3	3 011.6	33
	平均值	324.8	262.18	256.88	252.22	3 041.2	36

续表

采集时间	测点	各尺寸筛孔的筛余质量/g				试件总质量/g	9.5 mm 以上占比/%
		9.5 mm	13.2 mm	16 mm	19 mm		
15:00	1	367.6	268.2	277.4	231.5	2 935.2	39
	2	272.1	246.6	301.2	252.3	2 897.8	37
	3	240.8	287.1	286.3	227.8	2 977.1	35
	4	320.0	301.8	310.7	209.2	3 004.5	38
	5	316.0	254.0	284.7	382.1	3 016.6	41
	平均值	303.3	271.54	292.06	260.58	2 966.24	38
20:00	1	426.7	354.0	316.8	508.8	3 000.0	54
	2	222.5	269.0	273.5	560.1	3 096.0	43
	3	250.9	232.8	312.3	488.4	3 044.1	42
	4	223.2	322.0	306.0	527.3	3 085.1	45
	5	363.6	182.9	317.3	361.5	2 754.0	44
	平均值	297.4	272.1	305.2	489.2	2 995.8	45

对比不同拍摄时间图像法对应二值图像中 9.5 mm 以上占比均值和筛分法 9.5 mm 以上集料占比均值,结果如图 3-36 所示。

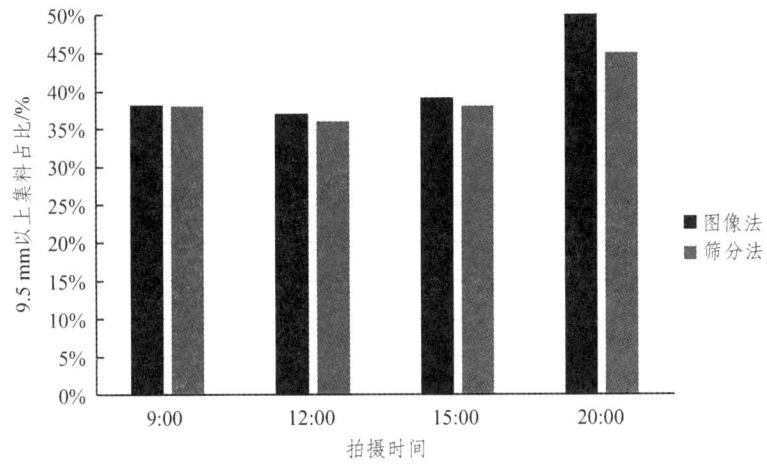

图 3-36　不同拍摄时间(光照强度)图像法与筛分法对比

由图 3-36 不同拍摄时间(光照强度)图像法与筛分法对比结果可知：晴天工作条件下图像采集时间为 9：00、12：00、15：00 时，摊铺沥青混合料经过图像预处理后得到的二值图像中 9.5 mm 以上颗粒占比与对应翻挖沥青混合料筛分法结果一致；当采集时间为 20：00 时，图像采集光照条件不足，摊铺沥青混合料数字图像预处理分割结果与对应区域沥青混合料筛分结果出现偏差。结果表明：当采集光照强度在光线充足（白天）工况下，图像预处理结果受光照强度影响不大；当光照条件不足，在低照度工况下（夜间或隧道施工照明不足）进行图像采集处理时，摊铺沥青混合料集料颗粒分割准确度较低。

3.8.2　基于图像 HSI 色彩空间的低照度图像增强预处理技术

传统的数字图像处理方法是在 RGB 色域空间内进行的，而沥青混合料图像色彩对比度低，并且受外界光照条件影响较大，光照强度不足时评价结果将出现很大的变异性。因此，为了能够提高低照度摊铺沥青混合料图像的预处理效果，得到准确的分割图像，本书基于 HSI 图像色彩空间对低照度沥青混合料图像处理进行研究。

HSI 颜色模型[130]即色调(Hue)-饱和度(Saturation)-亮度(Intensity)。HSI 空间的表征方式与人眼对色彩的感知方式相类似。HSI 颜色空间通过双圆锥体模型表示，如图 3-37 所示。

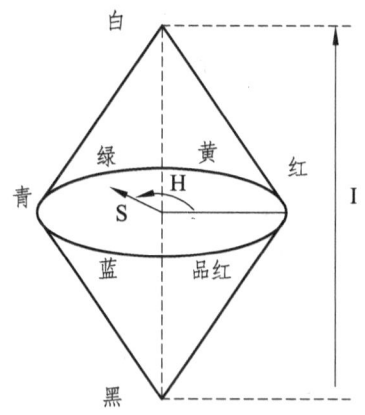

图 3-37　HSI 颜色空间双圆锥模型

HSI 颜色模型中双圆锥中间界面围绕最长轴的旋转角度表示色调 H

的值,用 0°到 360°表示,影响人眼的视觉判断;双圆锥的最长轴表示图像的亮度,长轴越长表示图像的亮度越高;垂直于长轴的值表示图像饱和度 S,表征图像色彩的纯度,量程从 0%~100%,表示色彩的纯度从无到最大值[131]。由图 3-37 可以看出,在 HSI 颜色空间中,图像的色彩取决于色调 H 以及饱和度 S,亮度 I 是一条独立的通道,与图像的色彩无关,能较好地反映人对颜色的感知和鉴别能力。工程应用中,在低照度的工况下,对图像进行亮度 I 优化不会改变图像的色彩信息,很大程度地保证了预处理结果的准确性。

RGB 颜色模型如图 3-38 所示。

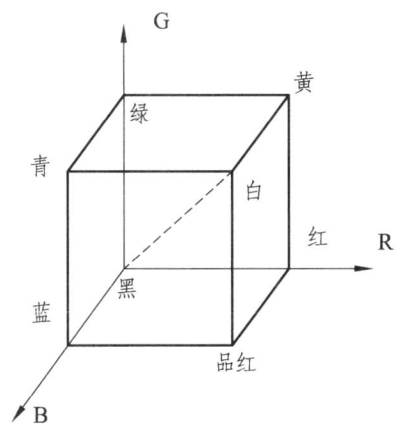

图 3-38 RGB 颜色空间模型

由图可知,在 RGB 颜色空间下,图像是由红 R、绿 G、蓝 B 这 3 个通道组成的,改变任何一个通道都会对图片的有效信息造成改变。因此,在实际工程应用中,在不同的光强环境下,HSI 颜色空间具有更好的应用空间。

3.8.2.1 HSI 空间与 RGB 空间转换关系

通过相机采集到的 RGB 图像,其中的红、绿、蓝 3 个通道对应的 R、G、B 值可通过几何推导法转化为 HSI 图像,公式如下所示。

色调:

$$H = \begin{cases} \theta, & G > B \\ 2\pi - \theta, & G < B \end{cases} \quad (3-10)$$

其中，

$$\theta = \arccos\left(\frac{(R-G)+(R-B)}{2\sqrt{(R-G)^2+(R-B)(G-B)}}\right) \quad (3\text{-}11)$$

饱和度：

$$S = 1 - \frac{3\min(R,G,B)}{R+G+B} \quad (3\text{-}12)$$

亮度：

$$I = \frac{R+G+B}{3} \quad (3\text{-}13)$$

由公式（3-10）~式（3-13）将采集得到的摊铺沥青路面 RGB 图像转换至 HSI 颜色空间。转换前后的图像如图 3-39 所示。

（a）摊铺沥青混合料 RGB 图像　　（b）摊铺沥青混合料 HSI 空间图像

图 3-39　颜色空间转换前后沥青混合料图像

3.8.2.2　HSI 空间亮度增强

传统的图像增强方法是通过将 RGB 图像灰度化处理后，对灰度图像直方图进行均衡化处理。对于低照度图像，图像灰度偏低，直方图均衡化后灰度图像的像素值相应地减少，从而达到一定增加亮度的效果，但会使图像中有效信息减少。

本书通过改进 Retinnex[132]算法，对图像进行全局自适应 HDR（高动态范围）处理，达到图像自适应增亮效果。公式如下：

$$L_g(x,y) = \frac{\log\left[L_w(x,y)/\overline{L_w} + 1\right]}{\log(L_{w\max}/\overline{L_w} + 1)} \quad (3\text{-}14)$$

式中：$L_g(x,y)$ 为自适应 HDR 后输出结果；$L_w(x,y)$ 为图像亮度值；$L_{w\max}(x,y)$ 为亮度最大值；$\overline{L_w}(x,y)$ 为亮度均值。

为了提取图像中集料颗粒，在 HSI 颜色空间下进行 Retinnex 算法图像亮度增强后，需进行 RGB 颜色空间恢复。

通过开闭运算、腐蚀膨胀操作，将图像中颗粒圆滑处理，连通边界不平滑区域。通过二值化和分水岭分割对集料颗粒进行提取。结果如图 3-40 所示。

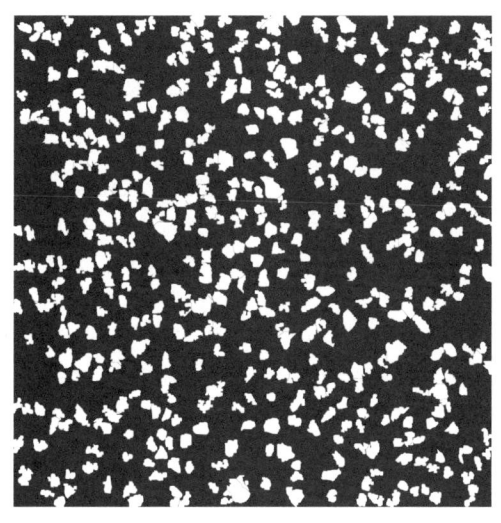

图 3-40　二值图像集料颗粒提取

本书依托功东高速公路项目，以中面层 AC-20 沥青混合料为研究对象，在光照充足及光照不足两种工况下分别采集 6 个点位摊铺沥青混合料（压实前）数字图像进行研究。

1. 试验设计

（1）对比两种光照强度下不同工况图像灰度共生矩阵结果，分析图像预处理方法对低照度图像的恢复效果。

(2) 采集现场 6 个点位摊铺沥青混合料数字图像, 并在碾压前对图像对应的沥青混合料进行取样。

(3) 将取样沥青混合料进行抽提筛分试验, 确定对应点位沥青混合料的级配。

(4) 将两种颜色空间预处理图像中 9.5 mm 以上集料面积占比与现场抽提筛分试验集料 9.5 mm 以上各粒径占比进行对比, 分析预处理方法的准确性。

摊铺沥青混合料两种光照强度图像及不同预处理图像如图 3-41 所示。其中, 图 (a) 为光线充足工况原图, 图 (b) 为光线不足工况原图, 图 (c) 为 RGB 颜色空间直方图均衡化后图像, 图 (d) 为 HSI 颜色空间低照增强图像, 图 (e) 为 RGB 颜色空间亮度增强后集料颗粒提取图, 图 (f) 为 HSI 颜色空间亮度增强图像集料颗粒提取图。

(a)　　　　　　　　(b)

(c)　　　　　　　　(d)

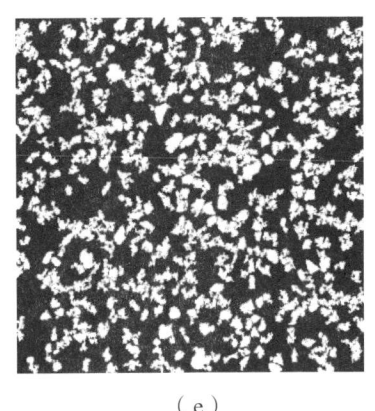
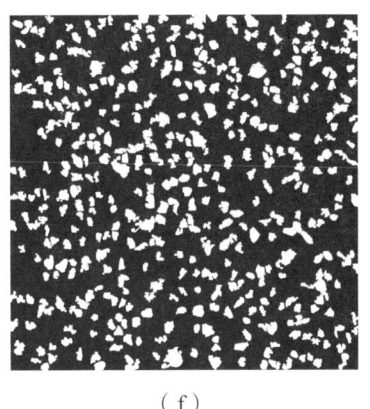

（e）　　　　　　　　　　　　（f）

图 3-41　不同颜色空间下摊铺沥青混合料预处理结果

2. 试验结果

通过对比图像预处理前后灰度共生矩阵，评价预处理方法对低照度图像还原程度。灰度共生矩阵[133-136]中的熵值是衡量图像具有的信息量的指标，反映了图像的复杂程度。当图像的熵值越大时，表面图像中信息量越复杂；反之，熵值越小，表面图像复杂程度越低。能量可以表征图像灰度分布的均匀程度和图像纹理的粗细程度，当图像的能量越高时，其灰度分布越均匀，纹理越细致。不同光照条件原图及预处理图片灰度共生矩阵结果见表 3-7。

表 3-7　不同工况图像灰度共生矩阵

图像编号	研究工况	灰度共生矩阵	
		熵	能量
图 3-41（a）	光照充足原图	4.367 5	0.025 3
图 3-41（b）	低照度原图	1.632 7	0.168 8
图 3-41（c）	RGB 颜色空间	0.668 7	0.136 5
图 3-41（d）	HSI 颜色空间	3.937 4	0.025 6

由表 3-7 可知：低照度图像的熵值和能量相对于光线充足条件下图像存在较大差异，传统的 RGB 颜色空间图像预处理方法处理后的低照度图像的灰度共生矩阵与原图差异较大，对图像还原度较低；本书 HSI 颜色空间图像预处理方法对图像还原度高，适合于光线不足的条件下应用。

本书通过筛分试验验证预处理算法的准确性。为了避免钻芯取样造成的集料破碎,将 6 个图像取样点位对应的沥青混合料在碾压前进行取样,并进行筛分试验,确定每个采样点沥青混合料的集料级配,抽提筛分结果见表 3-8。

表 3-8 现场图像对应沥青混合料取样抽提筛分试验结果

编号	标准筛筛孔尺寸（mm）下集料质量/g						集料总重/g
	19	16	13.2	9.5	4.75	<4.75	
1	426.66	353.97	316.80	508.83	618.50	775.28	3 000.4
2	222.48	268.98	273.51	560.06	714.59	1 056.41	3 096.03
3	250.85	232.77	312.25	488.44	728.60	1 031.14	3 044.05
4	223.19	322.01	305.97	527.32	664.42	1 042.20	3 085.11
5	363.57	182.92	317.25	361.52	632.39	896.33	2 753.98

分别计算本书 HSI 颜色空间预处理方法和 RGB 颜色空间预处理方法两种工况图像中大于 9.5 mm 以上集料面积占图像中总集料面积的比例,结果见表 3-9。

表 3-9 不同预处理方法及抽提筛分后集料 9.5 mm 以上各粒径集料占比

图像处理方法	图像编号	9.5 mm 以上集料各粒径集料占比/%			
		9.5 mm	13.2 mm	16 mm	19 mm
RGB 色彩空间图像预处理	#1	23.7	13.3	27.1	35.9
	#2	31.5	18.0	23.4	27.1
	#3	28.6	19.8	23.5	28.1
	#4	26.3	17.9	30.2	25.6
	#5	26.0	18.4	21.2	34.4
HSI 色彩空间图像预处理	#1	32.5	20.1	23.2	24.2
	#2	44.4	21.7	19.1	15.2
	#3	36.8	26.0	17.2	20.0
	#4	39.8	20.5	24.6	15.1
	#5	31.0	24.3	16.7	28.0

续表

图像处理方法	图像编号	9.5 mm 以上集料各粒径集料占比/%			
		9.5 mm	13.2 mm	16 mm	19 mm
筛分试验结果	#1	31.7	19.7	22	26.6
	#2	42.3	20.6	20.3	16.8
	#3	38.0	24.3	18.1	19.6
	#4	38.2	22.2	23.4	16.2
	#5	29.5	25.9	14.9	29.7

由表 3-8、表 3-9 计算图像处理法各粒径比例与筛分试验各粒径比例的相对误差，可得两种颜色空间下预处理集料 9.5 mm 以上各粒径下面积比与抽提试验结果平均相对误差如图 3-42 所示。

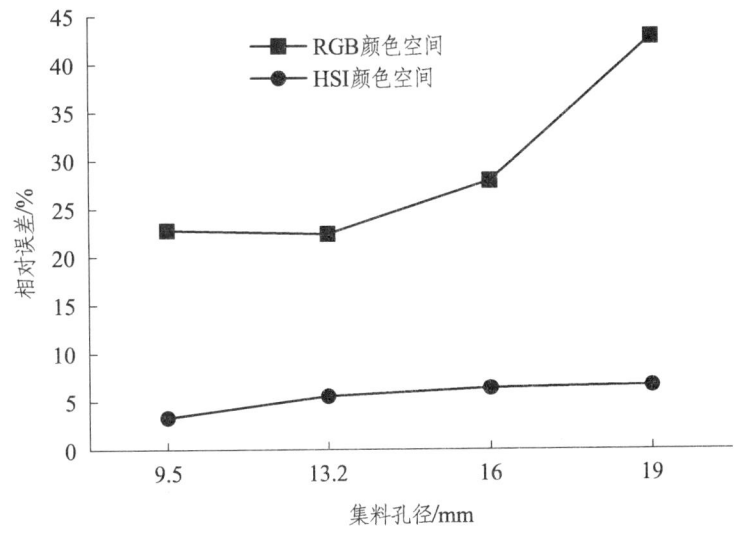

图 3-42　两种颜色空间各粒径下面积比与抽提试验结果平均相对误差

由图 3-42 可知：传统的 RGB 颜色空间，对于低照度条件下沥青混合料图像预处理结果，相对于抽提筛分试验结果误差较大，预处理图像中颗粒粘连，19 mm 粒径下集料颗粒占比增加；本书 HSI 颜色空间沥青混合料预处理图像各粒径集料占比与实际抽提筛分试验结果误差小，在低照度条件下，对沥青混合料图像集料颗粒识别准确度较高。

3.9 本章小结

数字图像预处理是运用数字图像处理技术的基础。本章总结了数字图像技术的基础与原理，规范了采集方法，基于 MATLAB 软件提出了适用于摊铺沥青路面数字图像预处理方法。主要结论包括：

（1）依托现场试验，本书采集高度为 60 cm，通过对采集设备进行标定，确定图像像素尺寸与实际尺寸对应关系，图像对应分辨率为 2 736 × 2 736，对应实际尺寸为 56.5 cm × 56.5 cm。

（2）通过对现场图像样本的实测分析，通过数字图像处理技术对摊铺沥青混合料数字图像进行预处理，并针对摊铺沥青混合料图像处理中粘连颗粒过度分割的问题，提出适用于摊铺沥青混合料数字图像分割方法——基于扩展极大值变换分水岭分割方法。

（3）提出摊铺沥青路面图像集料分档颗粒面积比，并通过计算 6 个点位采集图像的颗粒面积比与图像对应区域翻挖沥青混合料筛分试验结果进行对比分析，结果表明本书提出的摊铺沥青混合料数字图像预处理技术具有较好的集料颗粒分割效果。

（4）以低照度条件下图像为研究对象，本书提出一种适用于低照度条件下摊铺沥青混合料数字图像的预处理方法，与传统 RGB 颜色空间沥青混合料数字图像预处理方法进行对比，HSI 颜色空间下亮度恢复后的低照度图像灰度共生矩阵中熵值、能量与光线充足条件下图像结果误差较小；对比二值化图像中集料各粒径占比与图像对应点位抽提筛分试验结果可知，HSI 颜色空间摊铺沥青混合料预处理结果误差较小，结果表明 HSI 颜色空间摊铺沥青混合料预处理方法对低照度图像还原度高，对沥青混合料中集料颗粒分割识别较为准确，适合实际工程在光线不利条件下的应用。

4 沥青混合料摊铺均匀性评价方法与指标研究

本章通过对摊铺沥青混合料预处理后图像集料颗粒分布均匀性进行研究,基于数字图像颗粒的四边静矩分析,提出采用加权分档集料颗粒四边静矩离异系数 C_v 评价摊铺沥青混合料图像中集料颗粒的均匀性,并通过与标准理想分布混合料集料的对比分析及与实测沥青混合料路面表面构造深度相关性分析,结合构造深度离析评价标准,提出摊铺沥青混合料加权分档集料颗粒四边静矩离异系数 C_v 评价离析的分级标准。

4.1 均匀性评价模型的建立

沥青混合料是以沥青为胶结料,以一定的级配集料作为骨料拌和碾压而成的混合料。施工过程中发生的沥青混合料离析现象,导致集料颗粒分布不均匀,从而造成沥青路面局部颗粒组成、混合料结构及空隙与设计产生偏差[137-140]。沥青混合料级配离析通常表现为如下3种情况:

(1)沥青混合料离析造成路面出现粗细集料分布不均,局部沥青混合料级配与设计级配产生偏差。

(2)沥青路面混合料级配与生产配合比相符,但摊铺过程中施工条件的影响造成区域内集料颗粒分布不均匀。

(3)沥青路面摊铺过程中产生的离析导致局部区域沥青路面混合料级配与生产配合比产生偏差,且集料颗粒分布不均匀。

在实际沥青路面施工过程中,由于沥青混合料运输、摊铺等因素影响，沥青混合料离析是实际存在的，往往研究区域内沥青混合料级配与生产级配的偏差和集料颗粒位置分布的不均匀是同时存在的，两者均会使沥青混合料出现局部不均匀，产生路面结构的薄弱点，影响沥青路面的使用寿命。

评价沥青混合料均匀性需要充分考虑沥青混合料级配因素和集料颗粒位置分布两个因素。

4.1.1 加权四边静矩离异系数均匀性评价算法

根据沥青混合料图像中集料颗粒的分布特征，建立集料颗粒分布静矩模型。

静矩在平面几何中被称为平面面积矩，通常用面积 A 乘以该图像形心到对应坐标轴的距离表示，图 4-1 所示为图形在平面内对 X 轴、Y 轴的静矩。

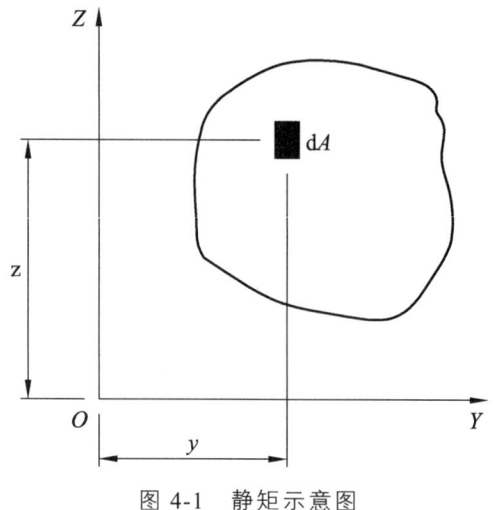

图 4-1 静矩示意图

静矩一般用 S 来表示，式（4-1）、式（4-2）分别表示图形在平面坐标下对 X 轴、Y 轴的静矩计算公式。

$$S_Z = \int_A y \, dA \tag{4-1}$$

$$S_Y = \int_A z \, dA \tag{4-2}$$

摊铺沥青混合料集料四边静矩即预处理后二值图像中集料颗粒到图像四条边的静矩和。四边静矩如图 4-2 所示。

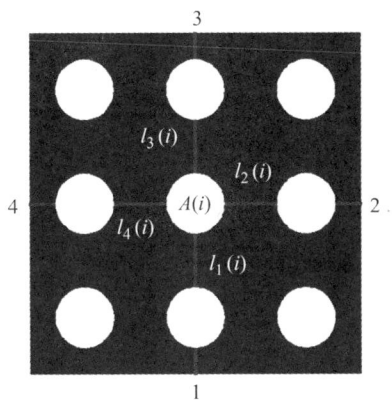

图 4-2 四边静矩示意图

由式（4-1），计算图像中集料颗粒对图像中四条边的静矩和，如式（4-3）~式（4-6）所示。

集料颗粒对图像边界 1 的静矩和：$S_1 = \sum_{i=1}^{n}[s(i) \times l_1(i)]$ （4-3）

集料颗粒对图像边界 2 的静矩和：$S_2 = \sum_{i=1}^{n}[s(i) \times l_2(i)]$ （4-4）

集料颗粒对图像边界 3 的静矩和：$S_3 = \sum_{i=1}^{n}[s(i) \times l_3(i)]$ （4-5）

集料颗粒对图像边界 4 的静矩和：$S_4 = \sum_{i=1}^{n}[s(i) \times l_4(i)]$ （4-6）

若沥青混合料是均匀的，则该路面区域内沥青混合料各档集料的占比与标准级配相同且位置分布均匀。若沥青混合料分布不均匀，则路面局部区域产生离析，该区域对应二值图像中各档集料颗粒对四条边静矩与均匀的沥青混合料区域产生偏差。

因此，本书定义：静矩离异系数 C_{vi}，即摊铺沥青混合料预处理后二值图像中各档集料颗粒对每条边的静矩和 S_i 与标准均匀分布下该档集料颗粒对该边静矩和的平方和平均值开方后与 $S_{标}$ 的比值，以百分数表示，如公式（4-7）所示。

$$C_{vi} = \frac{\sqrt{\dfrac{(S_{i1}-S_{i\text{标}})^2+(S_{i2}-S_{i\text{标}})^2+(S_{i3}-S_{i\text{标}})^2+(S_{i4}-S_{i\text{标}})^2}{4}}}{S_{i\text{标}}} \times 100\% \quad (4\text{-}7)$$

式中：S_{i1} 为第 i 档集料对图像边界 1 的静矩和；S_{i2} 为第 i 档集料对图像边界 2 的静矩和；S_{i3} 为第 i 档集料对图像边界 3 的静矩和；S_{i4} 为第 i 档集料对图像边界 4 的静矩和；$S_{i\text{标}}$ 为第 i 档集料理想均匀分布下集料颗粒对任意一边的静矩和。

沥青混合料是一种主要由沥青、粗集料、细集料、矿粉等按一定级配组成的复合材料，每档集料对整体均匀性的影响程度不同，在评价图像对应区域沥青混合料的整体均匀性时，需要引入均匀性影响系数。因此，本书提出加权分档静矩离异系数 C_v（以下简称静矩离异系数 C_v）基于数字图像处理技术的摊铺均匀性评价指标如式（4-8）所示。

$$C_v = \sum(k_i \times C_{vi}) \quad (4\text{-}8)$$

式中：k_i 表示每一档集料的均匀性影响系数。本书采用规范级配中值沥青混合料粗集料各档的筛余量占粗集料总质量的比值作为每一档集料的均匀性影响系数值。AC-13、AC-20、AC-25 级配类型沥青混合料规范级配中值各档筛余量见表 4-1。

表 4-1　不同级配类型沥青混合料规范级配中值各档筛余量百分比

级配类型	各档（mm）筛余量百分比/%											
	26.5	19	16	13.2	9.5	4.75	2.36	1.18	0.6	0.3	0.15	0.075	＜0.075
AC-13	0	0	0	5	18.5	23.5	16.0	10.5	7.5	5.5	3.5	4.0	6
AC-20	0	5	10	14	10	20	11	7.5	6.5	5	2.5	3.5	5
AC-25	5	12.5	8.5	7.5	11.5	17	9	6.5	6.5	5	2.5	3.5	5

由 2.4 节级配关键筛孔区间与空隙率灰关联分析结果可知：AC-13 沥青混合料关键筛孔区间为 4.75～13.2 mm，AC-20 沥青混合料关键筛孔区间为 9.5～19 mm，AC-25 沥青混合料关键筛孔区间为 13.2～26 mm。因此，AC-13 沥青混合料以 4.75～13.2 mm 各档集料筛余量占比作为各档均匀性影响系数 k_i 的值，AC-20 沥青混合料以 9.5～19 mm 各档集料筛余量占比作为各档均匀性影响系数 k_i 的值，AC-25 沥青混合料以

13.2~26.5 mm 以上各档集料筛余量占比作为各档均匀性影响系数 k_i 的值。密级配沥青混合料 AC-13、AC-20、AC-25 粗集料各档均匀性影响系数见表 4-2。

表 4-2 密级配沥青混合料粗集料各档均匀性影响系数

级配类型	粗集料筛孔尺寸/mm					
	26.5	19	16	13.2	9.5	4.75
AC-13	0	0	0	0.11	0.39	0.50
AC-20	0	0.13	0.26	0.35	0.26	—
AC-25	0.15	0.38	0.25	0.22	—	—

4.1.2 理想状态均匀分布标准静矩和

当图像对应区域内集料颗粒分布完全均匀时，在该区域内沥青混合料级配任意一档中的集料颗粒对四条边的静矩和相等，即 $S_1 = S_2 = S_3 = S_4$，且图像中每一行（每一列）的颗粒静矩和相等，如图 4-3 所示。

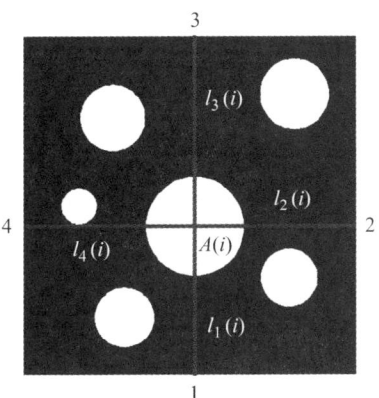

图 4-3 颗粒理想分布状态

由图 4-3 可知，计算沥青混合料数字图像中集料颗粒两边静矩和的问题可以简化为计算一行（一列）集料颗粒的静矩和。均匀分布状态下沥青混合料每一档的静矩和公式如下：

$$S_{标} = n\sum_{i=1}^{n}[A(i) \times l_1(i)]$$
$$= n \times A(i) \times [l_1(1) + l_1(2) + \cdots + l_1(n)] \quad (4\text{-}9)$$
$$= \frac{1}{2}an^2 A(i)$$

式中：n 表示均匀分布状态下每行（每列）有 n 个颗粒；$A(i)$ 表示每一档单个颗粒的面积，单位为像素个数；$l_x(i)$ 表示颗粒到 x 轴的距离，单位为像素个数。

由公式（4-9）可知，均匀分布状态下集料颗粒理想静矩和标准值与每行（每列）集料分布个数 n 有关。

本书以 AC-13、AC-20、AC-25 沥青混合料上、中、下面层为研究对象，假设以 4%空隙率作为标准空隙率，松铺系数为 1.2，图像采集像素尺寸为 $2\,736 \times 2\,736$，图像对应实际尺寸为 56.5 cm×56.5 cm。以规范要求级配中值作为理想情况下均匀分布的沥青混合料级配，分别计算出 AC-13、AC-20、AC-25 沥青混合料均匀分布条件下分布参数，见表 4-3 ~ 表 4-5。

表 4-3　AC-25 沥青混合料均匀分布条件下分布参数

筛孔尺寸/mm	级配中值/%	分计筛余/%	集料总面积/cm²	集料数目 n^2	每行（列）集料数目 n
31.5	100	0	0	0	0
26	95	5	169.75	25	5
19	82.5	12.5	297.69	64	8
16	74	8.5	229.45	100	10
13.2	66.5	7.5	212.40	121	11
9.5	55	11.5	280.63	256	16
4.75	38	17	374.45	961	31
2.36	29	9	237.98	2 401	49
1.18	22.5	6.5	195.34	7 921	89
0.6	16	6.5	195.34	31 329	177
0.3	11	5	169.75	106 929	327
0.15	8.5	2.5	127.11	319 225	565
0.075	5	3.5	144.16	1 449 616	1 204

表 4-4 AC-20 沥青混合料均匀分布条件下分布参数

筛孔尺寸/mm	级配中值/%	分计筛余/%	集料总面积/cm²	集料数目 n^2	每行（列）集料数目 n
31.5	100	0	0	0	0
26	100	0	0	0	0
19	95	5	189.71	49	7
16	85	10	285.02	121	11
13.2	71	14	361.27	225	15
9.5	64	10	285.02	289	17
4.75	41	20	475.65	1 225	35
2.36	30	11	304.08	3025	55
1.18	22.5	7.5	237.36	9604	98
0.6	16	6.5	218.30	34 969	187
0.3	11	5	189.71	119 025	345
0.15	8.5	2.5	142.05	357 604	598
0.075	5	3.5	161.11	1 620 529	1 273

表 4-5 AC-13 沥青混合料均匀分布条件下分布参数

筛孔尺寸/mm	级配中值/%	分计筛余/%	集料总面积/cm²	集料数目 n^2	每行（列）集料数目 n
13.2	95	5	202.27	121	11
9.5	76.5	18.5	476.67	484	22
4.75	53	23.5	578.29	1 444	38
2.36	37	16	425.86	4225	65
1.18	26.5	10.5	314.06	12 769	113
0.6	19	7.5	253.09	40 682	202
0.3	13.5	5.5	212.43	133 572	365
0.15	10	3.5	171.79	432 046	657
0.075	6	4	181.94	1 830 426	1 353

由公式（4-9）、表 4-3 ~ 表 4-5，可计算出 AC-13、AC-20、AC25 沥

青混合料理想均匀分布状态下沥青混合料各档集料对任一边的标准静矩和结果，结果见表 4-6。

表 4-6　均匀分布状态下沥青混合料标准分档静矩和（单位：像素^2）

级配类型	分档（mm）标准静矩和（×10^8）							
	31	26.5	19	16	13.2	9.5	4.75	2.36
AC-13	0	0	0	0	5.311 7	11.004 3	8.217 6	5.953 1
AC-20	0	0	4.456 9	7.804 6	9.877 3	6.570 7	6.971 3	4.262 3
AC-25	0	4.423 4	5.821 3	6.450 1	5.311 8	5.820 5	5.468 9	3.383 1

4.2　沥青路面摊铺均匀性计算结果

4.2.1　工程概况

本书依托云南高速公路建设项目，图像采集区域里程桩号为 K30 + 000 ~ K35 + 500，分别对上、中、下面层 AC-13、AC-20、AC-25 沥青混合料进行数字图像采集，并进行均匀性评价计算加权分档静矩离异系数 C_v。

4.2.2　不同路面结构层摊铺沥青混合料均匀性评价结果

由 2.4 节级配关键筛孔区间与空隙率灰关联分析结果可知：AC-13 沥青混合料关键筛孔区间为 4.75 ~ 13.2 mm，AC-20 沥青混合料关键筛孔区间为 9.5 ~ 19 mm，AC-25 沥青混合料关键筛孔区间为 13.2 ~ 26 mm。因此，AC-13 沥青混合料数字图像中删除 4.75 mm 以下集料颗粒，AC-20 沥青混合料数字图像中删除 9.5 mm 以下集料颗粒，AC-25 沥青混合料删除 13.2 mm 以下集料颗粒，并根据 3.4 节中提出的摊铺沥青混合料数字图像均匀性评价方法，分别计算上、中、下面层沥青混合料图像的四边静矩离异系数 C_v，计算结果见表 4-7 ~ 表 4-9。

表 4-7　上面层 AC-13 沥青混合料均匀性评价结果（%）

图像编号	静矩离异系数 C_v	图像编号	静矩离异系数 C_v	图像编号	静矩离异系数 C_v	图像编号	静矩离异系数 C_v	图像编号	静矩离异系数 C_v
1	3.01	2	2.30	3	4.55	4	11.53	5	7.70
6	4.19	7	4.01	8	0.49	9	3.54	10	5.43

续表

图像编号	静矩离异系数 C_v	图像编号	静矩离异系数 C_v	图像编号	静矩离异系数 C_v	图像编号	静矩离异系数 C_v	图像编号	静矩离异系数 C_v
11	2.12	12	6.09	13	3.97	14	3.15	15	3.23
16	9.55	17	16.10	18	5.14	19	6.61	20	7.48
21	3.49	22	4.61	23	1.77	24	5.42	25	3.84
26	1.39	27	5.98	28	6.70	29	1.66	30	1.85
31	0.21	32	5.16	33	7.77	34	2.54	35	3.17
36	7.64	37	0.99	38	6.77	39	1.07	40	5.64
41	13.44	42	4.04	43	4.05	44	5.37	45	4.47
46	7.69	47	2.78	48	2.23	49	4.57	50	6.05
51	6.10	52	0.74	53	5.97	54	1.36	55	7.96
56	0.06	57	1.18	58	11.90	59	1.18	60	7.70
61	5.44	62	1.59	63	7.66	64	3.81	65	4.28
66	5.65	67	5.38	68	4.96	69	7.26	70	7.71
71	5.16	72	3.45	73	4.80	74	4.42	75	0.93
76	4.42	77	5.56	78	1.38	79	20.26	80	0.41
81	11.74	82	2.05	83	0.72	84	0.43	85	2.43
86	6.18	87	0.08	88	12.04	89	6.44	90	4.64
91	1.82	92	4.26	93	6.87	94	3.61	95	4.25
96	2.97	97	2.24	98	7.29	99	3.06	100	7.21
101	7.13	102	7.57	103	5.60	104	6.32	105	14.32
106	6.85	107	7.25	108	5.80	109	2.91	110	3.46
111	3.22	112	3.14	113	1.84	114	4.26	115	4.34
116	2.54	117	0.20	118	4.61	119	5.69	120	5.70
121	4.87	122	5.37	123	6.49	124	6.97	125	0.13
126	7.28	127	6.70	128	3.23	129	2.63	130	6.41
131	7.27	132	7.77	133	17.91	134	5.20	135	1.14

续表

图像编号	静矩离异系数 C_v	图像编号	静矩离异系数 C_v	图像编号	静矩离异系数 C_v	图像编号	静矩离异系数 C_v	图像编号	静矩离异系数 C_v
136	4.73	137	0.46	138	0.72	139	7.80	140	3.83
141	2.66	142	3.60	143	2.57	144	0.61	145	2.05
146	6.82	147	4.66	148	4.09	149	14.70	150	2.95
151	3.54	152	5.49	153	0.48	154	3.31	155	5.29
156	7.23	157	5.76	158	5.81	159	2.47	160	1.36
161	0.27	162	5.20	163	4.45	164	2.11	165	2.23
166	24.26	167	5.82	168	4.23	169	6.07	170	21.59
171	5.73	172	22.99	173	6.64	174	7.96	175	1.56
176	9.43	177	4.65	178	6.87	179	1.49	180	2.61
181	2.69	182	0.93	183	6.31	184	6.25	185	7.04
186	1.50	187	0.46	188	2.54	189	1.57	190	3.77
191	2.58	192	7.84	193	3.62	194	7.94	195	3.23
196	3.23	197	2.28	198	6.02	199	6.42	200	1.43
201	4.39	202	4.76	203	0.88	204	3.39	205	7.75
206	0.39	207	7.70	208	0.88	209	5.83	210	3.26
211	4.42	212	1.49	213	2.16	214	3.99	215	6.76
216	2.20	217	1.54	218	4.20	219	16.47	220	4.92
221	1.93	222	2.73	223	7.78	224	2.85	225	3.01
226	1.95	227	7.46	228	5.68	229	0.59	230	7.02
231	7.23	232	3.13	233	2.49	234	4.73	235	6.28
236	7.65	237	2.19	238	2.33	239	7.28	240	3.72
241	7.49	242	1.22	243	6.80	244	1.55	245	6.51
246	6.55	247	3.18	248	7.29	249	3.46	250	7.19
251	15.83	252	3.00	253	5.11	254	5.99	255	3.43
256	1.41	257	1.05	258	2.04	259	0.31	260	2.67

续表

图像编号	静矩离异系数 C_v	图像编号	静矩离异系数 C_v	图像编号	静矩离异系数 C_v	图像编号	静矩离异系数 C_v	图像编号	静矩离异系数 C_v
261	2.88	262	3.48	263	0.71	264	7.57	265	4.77
266	11.51	267	0.73	268	16.71	269	6.11	270	7.22
271	0.01	272	4.92	273	4.68	274	4.47	275	5.62
276	2.53	277	0.09	278	7.58	279	1.47	280	3.02
281	5.60	282	4.59	283	0.49	284	3.98	285	5.88
286	5.00	287	6.32	288	4.68	289	4.14	290	7.63
291	4.34	292	1.88	293	2.28	294	7.95	295	4.34
296	3.51	297	13.58	298	6.62	299	6.84	300	4.32

表 4-8 中面层 AC-20 沥青混合料均匀性评价结果（%）

图像编号	静矩离异系数 C_v	图像编号	静矩离异系数 C_v	图像编号	静矩离异系数 C_v	图像编号	静矩离异系数 C_v	图像编号	静矩离异系数 C_v
1	1.09	2	4.69	3	6.07	4	8.69	5	4.55
6	7.96	7	3.35	8	3.95	9	5.58	10	2.44
11	12.85	12	8.43	13	3.94	14	6.26	15	0.91
16	8.37	17	7.47	18	1.05	19	6.48	20	4.57
21	3.59	22	7.64	23	17.33	24	3.12	25	5.27
26	0.43	27	3.35	28	2.92	29	4.65	30	6.87
31	3.08	32	5.34	33	2.22	34	5.01	35	0.75
36	6.62	37	7.85	38	3.08	39	1.41	40	5.95
41	7.15	42	8.40	43	3.38	44	5.06	45	4.65
46	4.90	47	6.02	48	4.92	49	6.25	50	1.54
51	6.18	52	1.86	53	5.06	54	3.84	55	8.45
56	8.04	57	5.88	58	3.56	59	17.53	60	5.31
61	0.49	62	0.65	63	3.58	64	6.58	65	3.97

续表

图像编号	静矩离异系数 C_v	图像编号	静矩离异系数 C_v	图像编号	静矩离异系数 C_v	图像编号	静矩离异系数 C_v	图像编号	静矩离异系数 C_v
66	2.73	67	3.66	68	4.64	69	3.24	70	8.48
71	0.42	72	6.00	73	5.92	74	4.09	75	5.90
76	1.76	77	8.40	78	8.56	79	3.48	80	4.07
81	6.48	82	27.30	83	6.50	84	6.98	85	7.56
86	6.50	87	4.36	88	3.60	89	6.61	90	4.79
91	7.90	92	6.81	93	7.49	94	3.87	95	4.99
96	15.24	97	3.75	98	1.21	99	6.24	100	6.12
101	0.64	102	8.75	103	0.54	104	8.51	105	13.30
106	8.30	107	8.89	108	0.76	109	7.06	110	2.15
111	7.20	112	7.78	113	1.48	114	6.35	115	5.21
116	2.57	117	23.50	118	2.92	119	0.98	120	7.80
121	4.89	122	4.09	123	2.72	124	3.51	125	3.66
126	8.86	127	12.22	128	0.11	129	5.32	130	1.01
131	6.44	132	7.06	133	4.86	134	4.13	135	3.99
136	7.55	137	7.95	138	0.86	139	0.45	140	2.70
141	3.90	142	8.22	143	1.32	144	2.06	145	3.61
146	24.24	147	5.02	148	5.68	149	7.51	150	7.50
151	5.05	152	5.39	153	7.73	154	0.14	155	3.63
156	2.42	157	1.34	158	8.77	159	7.77	160	3.51
161	6.74	162	8.10	163	5.14	164	0.70	165	3.24
166	4.54	167	4.05	168	8.97	169	6.02	170	1.26
171	5.82	172	1.85	173	4.98	174	14.50	175	2.34
176	2.77	177	8.10	178	4.64	179	1.96	180	0.78
181	1.25	182	6.86	183	2.98	184	5.14	185	3.86
186	4.28	187	7.94	188	3.87	189	1.10	190	2.32

续表

图像编号	静矩离异系数 C_v	图像编号	静矩离异系数 C_v	图像编号	静矩离异系数 C_v	图像编号	静矩离异系数 C_v	图像编号	静矩离异系数 C_v
191	3.26	192	2.56	193	4.43	194	6.04	195	2.68
196	7.09	197	6.06	198	0.64	199	5.40	200	3.82
201	7.02	202	5.98	203	7.99	204	0.50	205	1.07
206	6.02	207	1.11	208	0.58	209	0.51	210	4.46
211	1.20	212	3.67	213	3.93	214	1.37	215	6.36
216	0.19	217	2.48	218	7.44	219	0.18	220	2.19
221	5.04	222	6.45	223	3.55	224	3.92	225	7.07
226	2.71	227	2.55	228	5.52	229	7.49	230	0.67
231	8.45	232	8.07	233	7.37	234	5.56	235	3.55
236	8.83	237	7.44	238	7.98	239	4.68	240	0.03
241	2.58	242	3.51	243	8.38	244	7.77	245	1.99
246	7.21	247	4.48	248	1.72	249	0.88	250	0.01
251	8.07	252	6.25	253	12.33	254	8.17	255	1.70
256	5.38	257	7.51	258	8.08	259	0.97	260	1.28
261	7.96	262	5.49	263	5.34	264	4.65	265	12.41
266	8.49	267	5.17	268	4.53	269	1.29	270	1.57
271	4.94	272	2.93	273	5.52	274	5.03	275	1.25
276	6.56	277	4.11	278	7.37	279	0.04	280	5.39
281	5.19	282	6.42	283	4.79	284	6.90	285	8.11
286	0.23	287	7.96	288	1.82	289	7.64	290	8.45
291	4.02	292	6.49	293	4.09	294	8.25	295	1.99
296	5.82	297	0.17	298	3.85	299	8.88	300	4.34

表 4-9 下面层 AC-25 沥青混合料均匀性评价结果（%）

图像编号	静矩离异系数 C_v	图像编号	静矩离异系数 C_v	图像编号	静矩离异系数 C_v	图像编号	静矩离异系数 C_v	图像编号	静矩离异系数 C_v
1	10.81	2	4.57	3	3.82	4	4.42	5	4.29
6	5.91	7	1.99	8	7.27	9	7.92	10	10.20
11	6.83	12	2.81	13	4.22	14	19.30	15	10.09
16	25.59	17	13.23	18	6.90	19	3.90	20	7.85
21	4.19	22	10.16	23	22.24	24	10.68	25	6.80
26	12.84	27	7.19	28	10.02	29	3.81	30	3.78
31	8.34	32	10.26	33	8.81	34	9.75	35	13.30
36	9.58	37	1.80	38	8.20	39	5.00	40	1.37
41	3.86	42	10.13	43	8.94	44	4.55	45	8.04
46	7.54	47	8.74	48	4.22	49	2.40	50	34.11
51	3.24	52	6.35	53	28.79	54	11.38	55	9.16
56	5.84	57	4.84	58	6.33	59	3.40	60	4.38
61	12.84	62	2.83	63	5.83	64	7.99	65	8.25
66	6.57	67	8.27	68	3.03	69	8.61	70	9.19
71	3.69	72	2.52	73	2.73	74	7.63	75	3.55
76	3.29	77	7.71	78	4.96	79	6.11	80	6.07
81	4.98	82	8.44	83	2.50	84	9.28	85	10.77
86	4.65	87	7.38	88	8.85	89	10.15	90	6.04
91	3.96	92	7.87	93	10.85	94	8.48	95	3.63
96	6.14	97	7.06	98	2.33	99	7.47	100	6.81
101	8.17	102	4.61	103	5.89	104	4.16	105	3.97
106	4.67	107	4.30	108	1.96	109	7.75	110	8.32
111	4.72	112	8.98	113	8.82	114	8.02	115	4.55
116	1.37	117	12.84	118	10.88	119	2.47	120	5.42
121	2.27	122	8.96	123	5.74	124	2.96	125	7.64

续表

图像编号	静矩离异系数 C_v	图像编号	静矩离异系数 C_v	图像编号	静矩离异系数 C_v	图像编号	静矩离异系数 C_v	图像编号	静矩离异系数 C_v
126	3.19	127	8.68	128	10.33	129	7.40	130	10.70
131	3.49	132	9.37	133	15.42	134	5.25	135	3.61
136	7.19	137	5.56	138	7.52	139	29.86	140	9.22
141	12.53	142	6.99	143	8.62	144	2.60	145	8.13
146	21.30	147	10.46	148	31.88	149	1.95	150	10.50
151	5.04	152	4.88	153	9.74	154	21.17	155	17.35
156	2.65	157	3.66	158	9.89	159	8.44	160	3.93
161	8.40	162	9.53	163	6.89	164	10.28	165	7.29
166	8.35	167	6.94	168	1.52	169	11.19	170	3.10
171	8.15	172	3.91	173	2.40	174	2.00	175	36.53
176	8.18	177	10.97	178	2.00	179	7.09	180	7.82
181	1.17	182	2.47	183	8.46	184	5.39	185	6.87
186	7.50	187	7.18	188	1.18	189	2.13	190	6.50
191	5.10	192	6.65	193	6.78	194	9.85	195	7.26
196	2.33	197	4.26	198	10.34	199	1.56	200	13.47
201	1.08	202	1.56	203	34.89	204	9.49	205	3.84
206	9.06	207	3.28	208	4.52	209	6.13	210	4.96
211	16.93	212	4.63	213	10.83	214	8.50	215	2.65
216	1.80	217	2.03	218	10.40	219	3.43	220	7.87
221	7.33	222	7.98	223	7.44	224	1.97	225	9.42
226	9.84	227	4.07	228	10.87	229	3.73	230	3.10
231	5.68	232	9.26	233	8.44	234	2.31	235	8.04
236	7.73	237	8.08	238	3.70	239	5.61	240	1.52
241	1.69	242	6.28	243	7.29	244	9.97	245	9.20
246	10.49	247	20.13	248	22.69	249	6.92	250	1.52

续表

图像编号	静矩离异系数 C_v	图像编号	静矩离异系数 C_v	图像编号	静矩离异系数 C_v	图像编号	静矩离异系数 C_v	图像编号	静矩离异系数 C_v
251	5.95	252	10.53	253	3.25	254	1.12	255	6.47
256	7.48	257	2.92	258	7.48	259	4.30	260	4.03
261	19.40	262	10.17	263	5.81	264	8.60	265	8.87
266	8.90	267	2.46	268	4.53	269	5.51	270	5.54
271	8.23	272	4.11	273	6.63	274	4.75	275	5.39
276	11.42	277	5.96	278	8.26	279	10.97	280	9.65
281	5.78	282	7.04	283	6.42	284	8.93	285	3.88
286	3.58	287	1.99	288	6.07	289	5.34	290	4.94
291	6.01	292	16.50	293	6.42	294	9.84	295	10.60
296	4.39	297	7.95	298	5.63	299	1.51	300	16.05

由表 4-7～表 4-9 中沥青路面上、中、下面层摊铺沥青混合料均匀性评价结果 C_v，得出静矩离异系数分布情况的散点图，如图 4-4～图 4-6 所示。

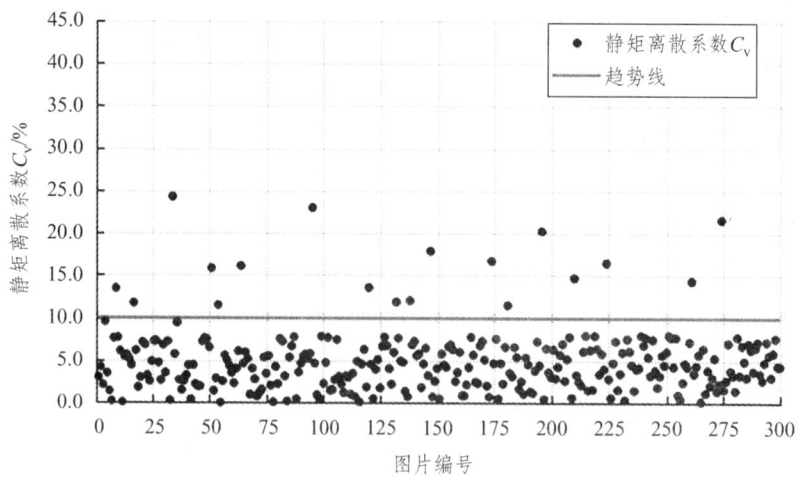

图 4-4　AC-13 型沥青混合料摊铺均匀性评价指标分布

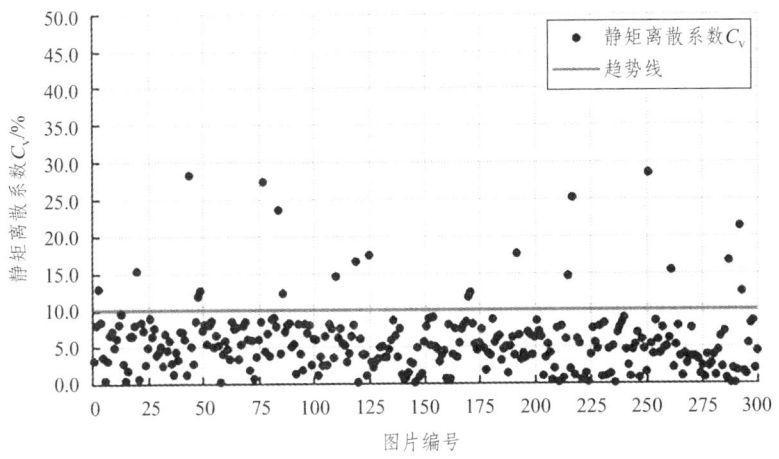

图 4-5　AC-20 型沥青混合料摊铺均匀性评价指标分布

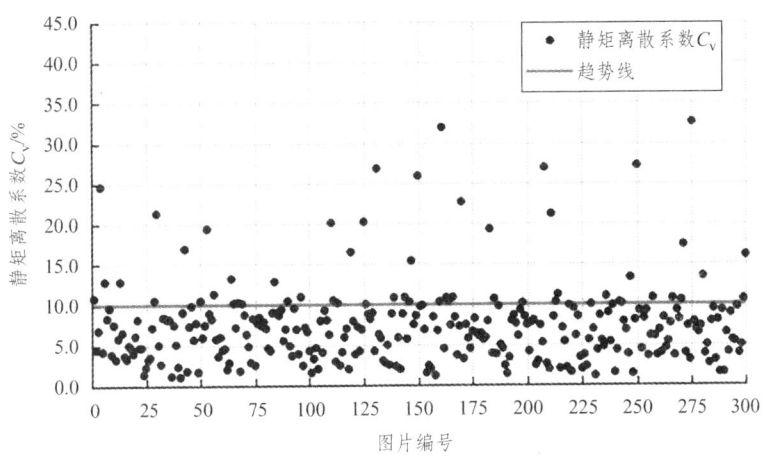

图 4-6　AC-25 型沥青混合料摊铺均匀性评价指标分布

由图 4-4～图 4-6 可知，不同结构层的 300 张图像对应区域的沥青混合料均匀性分别存在变异性，且上、中、下面层 AC-13、AC-20、AC-25 沥青混合料图像均匀性评价指标静矩离异系数 C_v 大多在 0%～10% 范围内，存在少量图像均匀性评价指标高于趋势线的情况。

4.3　摊铺沥青混合料均匀性评价指标

为了研究本书提出的加权分档集料四边静矩离异系数 C_v 的均匀性

评价结果与图像对应区域沥青混合料实际均匀性的一致性，以下面层 AC-25 为例，对图 4-7 中静矩离异系数 C_v 具有代表性的图像进行观察对比。

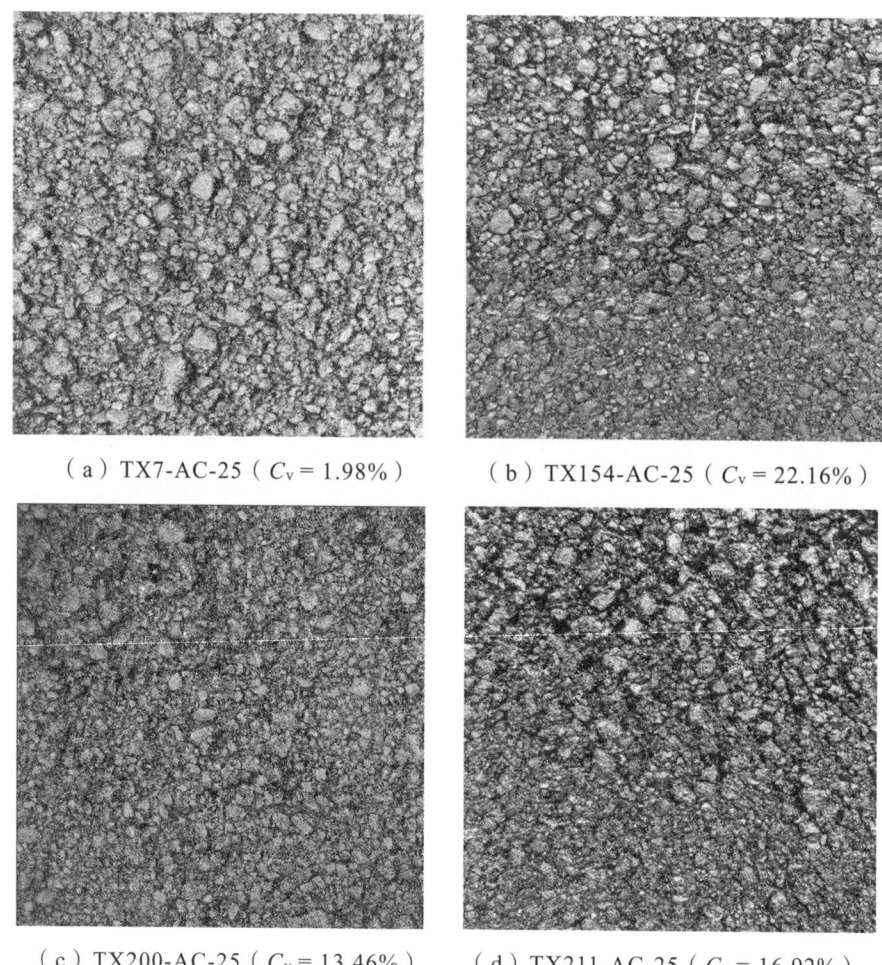

（a）TX7-AC-25（C_v = 1.98%）　　（b）TX154-AC-25（C_v = 22.16%）

（c）TX200-AC-25（C_v = 13.46%）　　（d）TX211-AC-25（C_v = 16.92%）

图 4-7　不同静矩离异系数 AC-25 级配类型沥青混合料图像

由图 4-7 可知，随着沥青混合料图像对应区域的均匀性变化，静矩离异系数 C_v 也随之变化。通过观察可知：图 4-7（a）图像中集料分布均匀，其静矩离异系数值为 1.98%；图 4-7（b）中下半部分沥青混合料细集料较为集中，出现了明显的集料分布不均匀现象，其静矩离异系数值

为 C_v = 22.16%；图 4-7（c）中通过观察可知图像中沥青混合料细集料占比较多，与均匀区域不一致，对应静矩离异系数为 13.46%；图 4-7（d）中图像上半部分集料分布良好，下方范围内沥青混合料细集料分布过多，出现了明显的分布不均匀现象，图像对应静矩离异系数值为 16.92%。通过视觉观测对比静矩离异系数 C_v 与图像对应区域沥青混合料均匀情况可知，本书均匀性评价算法与图像对应区域沥青混合料均匀性分布情况具有较好的规律性，但视觉观察法具有主观性大、无法定量地给出均匀性评价指标的缺点。为了快速、准确、定量地对摊铺沥青混合料的均匀性进行评价，提出摊铺沥青路面均匀性评价标准，需要提出基于数字图像技术的摊铺均匀性评价指标。

4.3.1 基于空隙率评价标准的静矩离异系数 C_v 评价指标

由现场采集得到的沥青混合料图像集料颗粒静矩离异系数 C_v 与图像对应区域构造深度法离析评价结果可知，两者虽然具有较高的一致性，但现场采集得到的离析评价结果均集中在无离析、轻微离析区域，中度离析和严重离析数据样本较少，因此本书通过计算第 2 章中提出的空隙率离析评价标准值对应的离析级配的集料分布静矩离异系数 C_v 值，提出静矩离异系数 C_v 离析评价指标。

为了研究数字图像离析评价指标四边静矩离异系数 C_v 与对应区域沥青混合料空隙率的关系，本书做出如下假设：

（1）将集料颗粒视为以两筛孔尺寸中值为半径的二维圆形颗粒。

（2）相对于无离析沥青混合料，离析沥青混合料级配组成产生偏差。

（3）离析沥青混合料集料颗粒在图像对应区域分布均匀。

根据本书提出的假设，离析沥青混合料分布如图 4-8 所示。

当图像对应区域沥青混合料集料颗粒位置分布均匀时，其每一档集料对四条边的静矩和相等且只与图像中该档集料分布个数有关，根据本书 2.4 节 AC-13、AC-20、AC-25 级配类型不同离析程度沥青混合料级配区间分别计算对应图像区域内集料颗粒分布均匀时对应的颗粒分布参数。

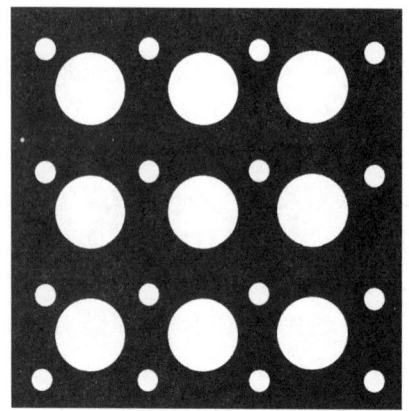

图 4-8 离析沥青混合料分布示意图

1. AC-13 离析沥青混合料颗粒分布参数

AC-13 沥青混合料不同离析程度集料颗粒分布参数见表 4-10～表 4-13。

表 4-10 AC-13 离析沥青混合料集料颗粒分布参数（粗集料严重离析）

离析程度	筛孔尺寸/mm	级配通过率/%	分计筛余/%	集料总面积/cm²	集料数目 n^2	每行（列）集料数目 n
粗集料严重离析	16	100	0	0	0	0
	13.2	96.0	4.0	118.75	64	8
空隙率	9.5	69.9	26.1	774.07	784	28
7.0%	4.75	34.7	35.2	1 045.03	2 601	51
	2.36	24.8	9.9	294.98	3025	55

表 4-11 AC-13 离析沥青混合料集料颗粒分布参数（粗集料中等离析）

离析程度	筛孔尺寸/mm	级配通过率/%	分计筛余/%	集料总面积/cm²	集料数目 n^2	每行（列）集料数目 n
粗集料中等离析	16	100	0	0	0	0
	13.2	96.6	3.4	101.38	64	8
空隙率	9.5	73.2	23.5	704.57	676	26
5.9%	4.75	41.8	31.4	942.66	2 401	49
	2.36	30.8	11.0	330.73	3 364	58

表 4-12　AC-13 离析沥青混合料集料颗粒分布参数（粗集料轻度离析）

离析程度	筛孔尺寸/mm	级配通过率/%	分计筛余/%	集料总面积/cm²	集料数目 n^2	每行（列）集料数目 n
粗集料轻微离析	16	100	0	0	0	0
	13.2	96.8	3.8	98.18	64	8
空隙率	9.5	76.0	20.8	629.70	625	25
5.1%	4.75	48.7	27.3	825.83	2 116	46
	2.36	35.0	13.8	416.85	4225	65

表 4-13　AC-13 离析沥青混合料集料颗粒分布参数（细集料离析）

离析程度	筛孔尺寸/mm	级配通过率/%	分计筛余/%	集料总面积/cm²	集料数目 n^2	每行（列）集料数目 n
细集料离析	16	100	0	0	0	0
	13.2	97.5	2.5	67.70	36	6
空隙率	9.5	78.5	19.0	513.61	484	22
3.6%	4.75	60.5	18.0	451.75	1 156	34
	2.36	40.8	19.7	604.70	6084	78

2. AC-20 离析沥青混合料颗粒分布参数

AC-20 沥青混合料不同离析程度集料颗粒分布参数见表 4-14～表 4-17。

表 4-14　AC-20 离析沥青混合料集料颗粒分布参数（粗集料严重离析）

离析程度	筛孔尺寸/mm	级配通过率/%	分计筛余/%	集料总面积/cm²	集料数目 n^2	每行（列）集料数目 n
粗集料严重离析	26.5	100	0	0	0	0
	19	92	8	233.93	49	7
空隙率	16	77	15	438.62	196	14
7.0%	13.2	55	22	643.30	400	20
	9.5	45	10	292.41	289	17

表 4-15　AC-20 离析沥青混合料集料颗粒分布参数（粗集料中等离析）

离析程度	筛孔尺寸/mm	级配通过率/%	分计筛余/%	集料总面积/cm²	集料数目 n^2	每行（列）集料数目 n
粗集料中等离析 空隙率 5.9%	26.5	100	0	0	0	0
	19	93	7	207.82	49	7
	16	80	13	385.94	144	12
	13.2	60	20	593.76	361	19
	9.5	50	10	296.88	289	17

表 4-16　AC-20 离析沥青混合料集料颗粒分布参数（粗集料轻度离析）

离析程度	筛孔尺寸/mm	级配通过率/%	分计筛余/%	集料总面积/cm²	集料数目 n^2	每行（列）集料数目 n
粗集料轻微离析 空隙率 5.1%	26.5	100	0	0	0	0
	19	94	6	181.19	49	7
	16	83	11	332.19	144	12
	13.2	67	16	483.18	256	16
	9.5	56	11	332.19	324	18

表 4-17　AC-20 离析沥青混合料集料颗粒分布参数（细集料离析）

离析程度	筛孔尺寸/mm	级配通过率/%	分计筛余/%	集料总面积/cm²	集料数目 n^2	每行（列）集料数目 n
细集料离析 空隙率 3.6%	26.5	100	0	0	0	0
	19	96	4	123.48	36	6
	16	87	9	277.82	100	10
	13.2	75	12	370.43	196	14
	9.5	66	9	277.82	289	17

3. AC-25 离析沥青混合料颗粒分布参数

AC-25 沥青混合料不同离析程度集料颗粒分布参数见表 4-18～表 4-21。

表 4-18　AC-25 离析沥青混合料集料颗粒分布参数（粗集料严重离析）

离析程度	筛孔尺寸/mm	级配通过率/%	分计筛余/%	集料总面积/cm^2	集料数目 n^2	每行（列）集料数目 n
粗集料严重离析 空隙率 7.0%	31.5	100	0	0	0	0
	26.5	92	8	231.89	36	6
	19	75	17	492.76	121	11
	16	57	18	521.74	225	15
	13.2	49	8	226.09	144	12

表 4-19　AC-25 离析沥青混合料集料颗粒分布参数（粗集料中等离析）

离析程度	筛孔尺寸/mm	级配通过率/%	分计筛余/%	集料总面积/cm^2	集料数目 n^2	每行（列）集料数目 n
粗集料中等离析 空隙率 9.2%	31.5	100	0	0	0	0
	26.5	93.0	7.0	205.36	36	9
	19	77.6	15.4	451.79	121	11
	16	63	14.6	428.32	169	13
	13.2	54.5	8.5	249.36	144	12

表 4-20　AC-25 离析沥青混合料集料颗粒分布参数（粗集料轻度离析）

离析程度	筛孔尺寸/mm	级配通过率/%	分计筛余/%	集料总面积/cm^2	集料数目 n^2	每行（列）集料数目 n
粗集料轻微离析 空隙率 6.9%	31.5	100	0	0	0	0
	26.5	94.0	6.0	178.32	25	5
	19	80.9	13.1	389.33	100	10
	16	70	10.9	323.95	144	12
	13.2	61.2	8.8	261.53	144	12

表 4-21　AC-25 离析沥青混合料集料颗粒分布参数（细集料离析）

离析程度	筛孔尺寸/mm	级配通过率/%	分计筛余/%	集料总面积/cm^2	集料数目 n^2	每行（列）集料数目 n
细集料离析 空隙率 5.5%	31.5	100	0	0	0	0
	26.5	96.0	4.0	120.67	16	4
	19	84.2	11.8	355.97	81	9
	16	78.4	5.8	174.97	100	10
	13.2	71.8	6.6	199.10	121	11

由 4.1.2 节中标准静矩离异系数计算公式（4-9）分别计算 AC-13、AC-20、AC-25 不同离析程度沥青混合料在集料位置均匀分布的条件下的分档静矩和，结果见表 4-22。

表 4-22 不同离析程度沥青混合料集料均匀分布条件下分档静矩和

级配类型	离析程度	不同离析程度沥青混合料分档（mm）静矩和（$\times 10^8$）					
		26.5	19	16	13.2	9.5	4.75
AC-13	粗集料严重离析	0	0	0	4.12	34.41	59.13
	粗集料中等离析	0	0	0	4.12	29.67	54.58
	粗集料轻微离析	0	0	0	4.12	27.43	48.10
	细集料离析	0	0	0	3.16	25.28	31.12
AC-20	粗集料严重离析	0	4.45	12.64	17.55	6.57	—
	粗集料中等离析	0	4.45	9.28	15.84	6.57	—
	粗集料轻微离析	0	4.45	9.28	11.23	7.36	—
	细集料离析	0	3.27	6.45	8.60	6.57	—
AC-25	粗集料严重离析	6.36	11.00	14.51	6.32	—	—
	粗集料中等离析	6.36	11.00	10.90	6.32	—	—
	粗集料轻微离析	4.42	9.09	9.28	6.32	—	—
	细集料离析	2.83	7.36	6.45	5.31	—	—

当沥青混合料对应区域集料颗粒位置分布均匀且该区域仅存在级配离析时，该区域沥青混合料每一档集料对四条边的静矩和相等，即 $S_{1i} = S_{2i} = S_{3i} = S_{4i}$，因此，每一档集料静矩离异系数 C_{vi} 计算公式可简化如式（4-10）所示。

$$C_{vi} = \frac{\sqrt{\frac{(S_{i1}-S_{i标})^2+(S_{i2}-S_{i标})^2+(S_{i3}-S_{i标})^2+(S_{i4}-S_{i标})^2}{4}}}{S_{i标}} \times 100\%$$

$$= \frac{\sqrt{\frac{4(S_{i1}-S_{i标})^2}{4}}}{S_{i标}} \times 100\%$$

$$= \frac{|S_{i1}-S_{i标}|}{S_{i标}} \times 100\%$$

（4-10）

由公式（4-10）计算不同离析程度的沥青混合料集料位置分布均匀的条件下，AC-13、AC-20、AC-25 沥青混合料分档静矩离异系数 C_{vi}，结果见表 4-23。

表 4-23 不同离析程度沥青混合料集料均匀分布条件下静矩离异系数 C_{vi}

级配类型	离析程度	分档（mm）四边静矩离异系数 C_{vi}/%					
		26.5	19	16	13.2	9.5	4.75
AC-13	粗集料严重离析	0	0	0	30	30	47
	粗集料中等离析	0	0	0	31	8	36
	粗集料轻微离析	0	0	0	31	0	20
	细集料离析	0	0	0	0	8	22
AC-20	粗集料严重离析	0	36	62	5	0	—
	粗集料中等离析	0	36	19	41	0	—
	粗集料轻微离析	0	36	19	0	12	—
	细集料离析	0	0	17	23	0	—
AC-25	粗集料严重离析	44	21	125	0	23	—
	粗集料中等离析	44	21	69	0	11	—
	粗集料轻微离析	0	0	44	0	11	—
	细集料离析	36	19	0	16	11	—

由公式（4-5）和表 4-1 中权重系数结果，计算基于孔隙率变化指标的对应不同离析程度沥青混合料静矩离异系数，结果见表 4-24。

表 4-24 基于空隙率变化指标的沥青混合料静矩离异系数 C_v

级配类型	加权四边静矩离异系数 C_v/%			
	粗集料严重离析	粗集料中等离析	粗集料轻微离析	细集料离析
AC-13	33	21	11	10
AC-20	35	24	13	13
AC-25	38	25	14	12

由于本书提出的基于四边静矩离异系数的摊铺沥青混合料均匀性评价指标细集料离析与粗集料离析均为大于 0 的正值，且在数值区间有重

复区域，因此本书以粗、细集料离析中较小值作为离析指标界限。由表4-24可知，基于空隙率变化指标得出的数字图像摊铺沥青混合料均匀性评价标准$C_{V标1}$见表4-25。

表4-25 基于空隙率变化的摊铺沥青混合料数字图像均匀性评价标准 $C_{V标1}$

评价标准	无离析	轻微离析	中等离析	严重离析
AC-13均匀性评价指标	<10%	10%~21%	21%~33%	>33%
AC-20均匀性评价指标	<13%	13%~24%	24%~35%	>35%
AC-25均匀性评价指标	<12%	12%~25%	25%~38%	>38%

4.3.2 基于构造深度评价标准的静矩离异系数 C_V 评价指标

本书通过铺沙法对摊铺沥青混合料图像对应区域构造深度进行测量，沥青路面路表构造深度计算公式如式（4-11）。

$$TD = \frac{1000V}{\pi D^2 / 4} \quad (4\text{-}11)$$

式中：TD为沥青路面路表构造深度(mm)；V为砂的体积(25 cm³)；D为摊开沙形成圆形的平均直径（mm）。

在采用铺沙法测量构造深度时，为了降低与图像对应区域面积误差，在图像对应区域56.5 mm×56.5 mm区域内，进行3次铺沙法测量构造深度试验，最终取3次试验的平均值作为图像对应区域构造深度结果。

国内外学者对沥青混合料的离析检测方法做了大量的研究，但目前工程中最常用的沥青检测方法依然为铺沙法。在公路工程中，常采用检测位置的构造深度值与期望均匀时构造深度的比值作为标准对沥青混合料的离析进行评价。为了确定铺沙法构造深度离析评价标准对沥青路面离析程度进行分级，国内外学者及公路从业者进行了大量的室内、现场试验及分析研究。参考美国公路协会NCHRP 441报告中对沥青混合料离析程度的分级，通过铺沙法测量沥青路面表面构造深度，以构造深度与无离析区域构造深度的比值作为评价沥青路面离析的指标，并将离析分为细集料离析、非离析、粗集料轻度离析、粗集料中度离析和粗集料重度离析5个等级，具体标准见表4-26。

表 4-26 沥青路面铺沙法表面构造深度离析评价标准

限值	细集料离析	无离析	轻度离析	中度离析	严重离析
下限值		0.8	1.10	1.40	>1.70
上限值	<0.8	1.10	1.40	1.70	

本书分别在沥青路面上、中、下三个面层 AC-13、AC-20、AC-25 沥青混合料均匀性评价指标中各自选取 30 张代表图像，对图像对应区域进行铺沙法测量构造深度，每个图像对应区域进行 3 次铺沙法试验，采用 3 次平行试验均值作为该区域构造深度值，并计算铺沙法表面构造深度 TD 与期望均匀区域的构造深度 TDD 的比值。

通过铺沙法构造深度评价沥青路面均匀性时，其离析评价指标按细集料离析、无离析、粗集料离析随着离析程度的增加呈递增趋势，但由于本书提出的加权分档静矩离异系数在评价沥青混合料均匀性时，图像对应区域发生粗、细集料离析的对应离异系数 C_v 均增加，因此，在做相关性分析时需要对构造深度法离析评价指标 TD/TDD 进行变换，新的离析评价指标公式为：

$$构造深度离析评价指标 = \frac{\sqrt{(TD-TDD)^2}+TDD}{TDD} \quad (4-12)$$

当发生粗集料离析时，$TD > TDD$，则构造深度离析评价指标依然为：

$$构造深度离析评价指标 = \frac{TD}{TDD}$$

当发生细集料离析时，$TD < TDD$，则构造深度离析评价指标为：

$$构造深度离析评价指标 = 2 - \frac{TD}{TDD}$$

并与图像对应区域构造深度评价标准进行相关性分析。沥青路面上、中、下面层 AC-13、AC-20、AC-25 沥青混合料图像中不同筛孔剩余集料颗粒均匀性评价指标结果见表 4-27 ~ 表 4-29。

表 4-27　两种方法均匀性评价结果（AC-13）

图像编号	静矩离异系数 C_v/%	构造深度离析评价结果
TX13-1	16.47	1.18
TX13-2	11.51	1.1
TX13-14	13.44	1.12
TX13-17	16.09	1.28
TX13-19	13.58	1.27
TX13-26	2.96	1.04
TX13-31	3.14	1.02
TX13-34	11.52	1.19
TX13-39	5.69	1.03
TX13-41	21.58	1.34
TX13-46	16.7	1.27
TX13-88	22.99	1.37
TX13-91	6.82	1.05
TX13-97	12.04	1.16
TX13-106	17.90	1.3
TX13-133	16.47	1.29
TX13-136	14.69	1.23
TX13-151	14.32	1.16
TX13-170	4.28	1.02
TX13-176	9.43	1.08
TX13-191	6.44	1.07
TX13-216	9.54	1.09
TX13-219	24.25	1.43
TX13-231	7.23	1.05
TX13-238	10.33	1.06
TX13-251	15.82	1.22
TX13-266	20.26	1.35
TX13-268	11.89	1.07
TX13-284	3.98	1.05
TX13-297	13.58	1.22

表 4-28　两种方法均匀性评价结果（AC-20）

图像编号	静矩离异系数 C_v/%	构造深度离析评价结果
TX20-1	3.09	1.02
TX20-4	17.33	1.27
TX20-11	27.29	1.46
TX20-39	8.40	1.06
TX20-50	12.84	1.10
TX20-66	14.50	1.14
TX20-74	17.52	1.17
TX20-76	11.82	1.08
TX20-89	25.14	1.22
TX20-101	4.89	1.02
TX20-105	15.30	1.57
TX20-117	23.50	1.75
TX20-118	9.49	1.12
TX20-127	28.1	1.42
TX20-129	16.54	1.22
TX20-134	15.24	1.18
TX20-141	13.30	1.12
TX20-146	24.46	1.33
TX20-175	12.57	1.13
TX20-176	11.71	1.10
TX20-177	28.44	1.44
TX20-181	8.50	1.08
TX20-183	16.48	1.20
TX20-211	4.89	1.03
TX20-214	8.76	1.04
TX20-244	14.48	1.31
TX20-258	8.08	1.34
TX20-269	1.28	1.05
TX20-275	7.20	1.05
TX20-286	2.91	1.00

表 4-29　两种方法均匀性评价结果（AC-25）

图像编号	静矩离异系数 C_v/%	构造深度离析评价结果
TX25-4	4.42	1.00
TX25-18	15.41	1.16
TX25-19	11.32	1.1
TX25-021	36.11	1.56
TX25-50	31.87	1.48
TX25-054	10.16	1.10
TX25-101	19.30	1.32
TX25-116	8.27	1.06
TX25-119	13.46	1.11
TX25-124	20.12	1.34
TX25-148	29.86	1.43
TX25-149	12.52	1.09
TX25-154	34.89	1.57
TX25-168	4.19	1.06
TX25-187	22.68	1.39
TX25-189	9.58	1.09
TX25-191	20.12	1.25
TX25-192	16.92	1.16
TX25-196	21.16	1.16
TX25-204	3.19	1.01
TX25-209	22.23	1.27
TX25-211	28.79	1.43
TX25-216	11.38	1.06
TX25-224	13.29	1.09
TX25-229	21.29	1.21
TX25-247	36.53	1.68
TX25-267	12.83	1.14
TX25-257	16.49	1.2
TX25-285	17.35	1.18
TX25-299	13.22	1.16

分别将不同筛孔尺寸以上剩余集料颗粒均匀性评价指标与图像对应区域构造深度评价标准进行相关性分析，结果如图 4-9 ~ 图 4-11 所示。

由图 4-9 ~ 图 4-11 可知，上、中、下面层 AC-13、AC-20、AC-25 不同结构类型沥青混合料与对应铺沙法构造深度离析评价结果的相关性系数 R^2 分别为 0.74、0.77、0.87，表明本书提出的摊铺沥青混合料均匀性评价方法与构造深度法离析评价方法具有较高的相关性。因此，根据回归方程与构造深度法离析评价标准，可得出摊铺沥青混合料加权分档四边静矩离异系数均匀性（离析）评价标准 $C_{v标2}$，见表 4-30。

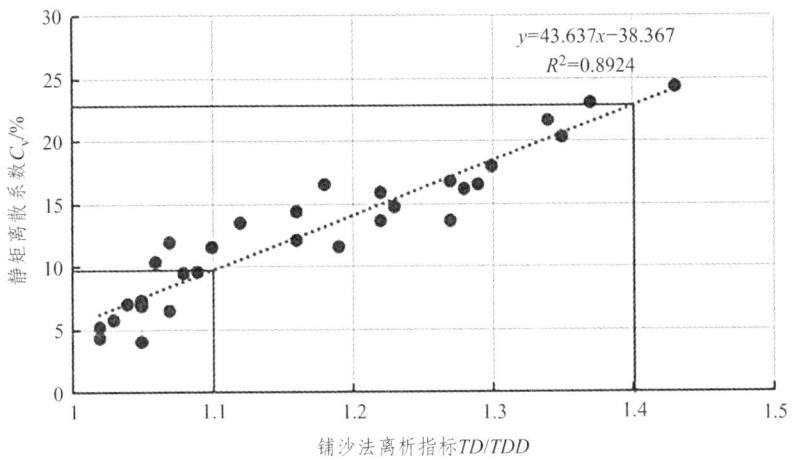

图 4-9　静矩离异系数 C_v 与构造深度离析标准的相关性（AC-13）

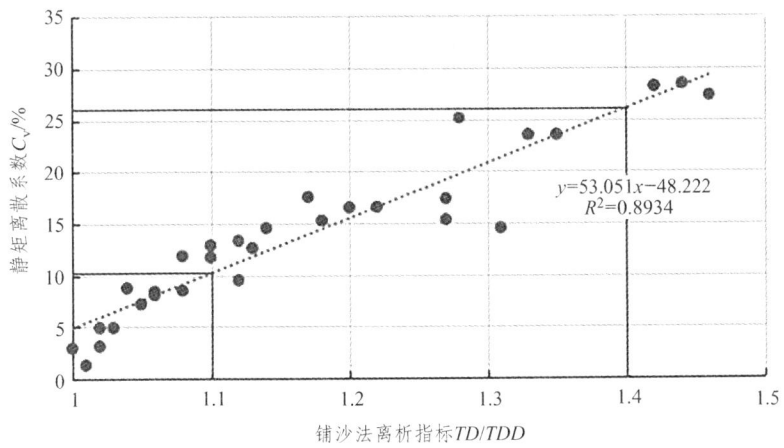

图 4-10　静矩离异系数 C_v 与构造深度离析标准的相关性（AC-20）

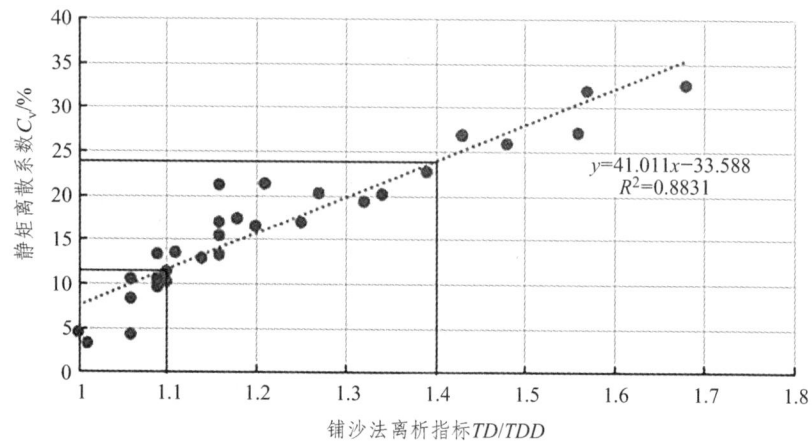

图 4-11　静矩离异系数 C_v 与构造深度离析标准的相关性（AC-25）

表 4-30　摊铺沥青混合料数字图像均匀性评价标准 $C_{v标2}$

评价标准	无离析	轻微离析	中等离析	严重离析
AC-13 均匀性评价指标	<9.6%	9.6%~22.7%	22.7%~35.8%	>35.8%
AC-20 均匀性评价指标	<10.14%	10.14%~26.0%	26%~41%	>41%
AC-25 均匀性评价指标	<11.4%	11.4%~26.4%	26.4~41.3	>41.3%

4.3.3　两个静矩离异系数 C_v 均匀性评价标准的对比分析

根据表 4-30 基于与构造深度离析评价标准相关性分析得到静矩离异系数 C_{v2} 均匀性评价标准和表 4-25 中由空隙率离析标准计算得到的静矩离异系数 C_{v1} 均匀性评价标准，分别绘制分段图，如图 4-12~图 4-14 所示。

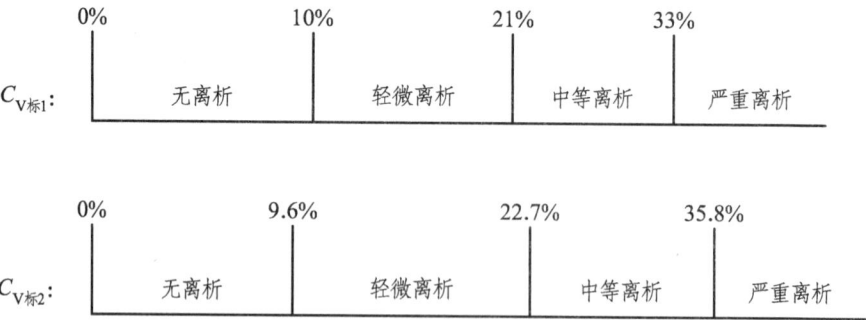

图 4-12　两种均匀性评价指标对比图（AC-13）

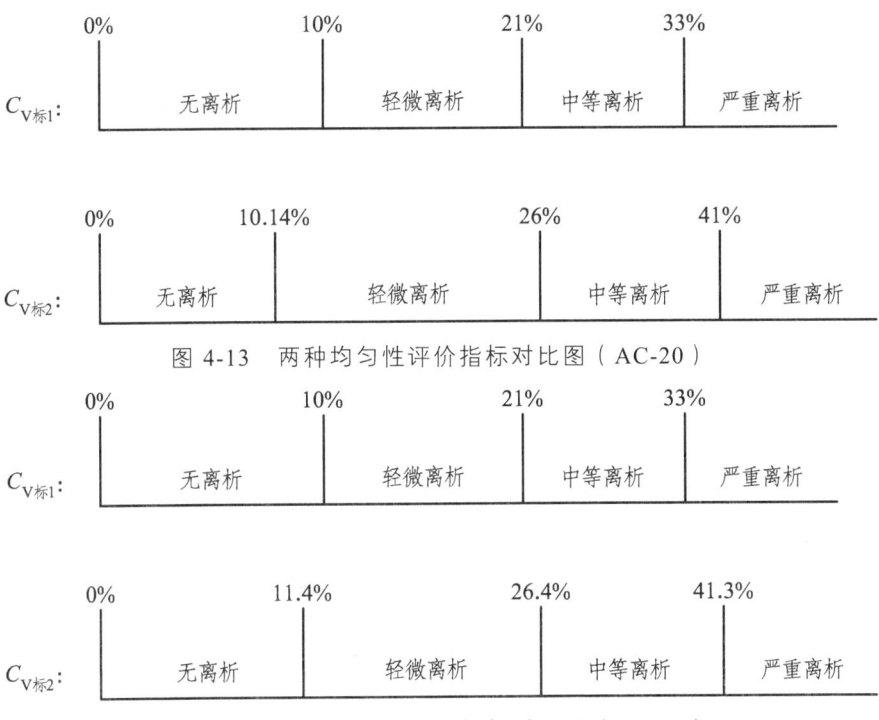

图 4-13　两种均匀性评价指标对比图（AC-20）

图 4-14　两种均匀性评价指标对比图（AC-25）

由图 4-12～图 4-14 可知，两个静矩离异系数均匀性评价标准差别不大，具有较高的一致性，随着沥青混合料离析程度的增加，对应数字图像加权分档四边静矩离异系数 C_V 值随之增加，但对于不同离析程度的定量分段结果并不完全重合。为了确定最终数字图像法摊铺沥青混合料静矩离异系数 C_V 均匀性评价标准，本书以 AC-25 级配类型沥青混合料为例，对 300 张摊铺沥青混合料数字图像依据加权四边静矩离异系数 C_V 结果按照两个离析评价标准进行评价，分析评价结果的差异，结果见表 4-31。

由表 4-31 可知，对于下面层 AC-25 的 300 张摊铺沥青混合料图像样本，摊铺沥青混合料均匀性评价结果大多集中于无离析和轻微离析范围，中等离析样本较少且没有出现严重离析区域。对比表 4-24 标准和表 4-29 标准，轻微离析和中等离析评价结果中，仅有 TX25-16、TX25-276 两幅图像区域内沥青混合料的均匀性（离析）评价结论出现偏差。这表明两种方法确定的指标具有较好的一致性，因此，本书推荐采用两种离析评价标准中各界限值中的较小值作为最终离析评价界限值。本书得到的基于数字图像技术的摊铺沥青混合料加权分档四边静矩离异系数 C_v 均匀性评价标准见表 4-32。

表 4-31 沥青混合料两种离析评价指标不同离析程度样本统计结果（AC-25）

评价指标		无离析	轻微离析	中等离析	严重离析
基于空隙率静矩离异系数 C_v 评价指标	指标值	＜12%	12%～25%	25%～38%	＞38%
	图像编号	275 张图像样本	TX25-14、TX25-16、TX25-17、TX25-23、TX25-26、TX25-35、TX25-61、TX25-117、TX25-133、TX25-146、TX25-154、TX25-155、TX25-200、TX25-211、TX25-247、TX25-248、TX25-261、TX25-276、TX25-292、TX25-300	TX25-16 TX25-50 TX25-53 TX25-139 TX25-175 TX25-203	无
基于构造深度静矩离异系数 C_v 评价指标	指标值	＜11.4%	11.4%～26.4%	26.4%～41.3%	＞41.3%
	图像编号	275 张图像样本	TX25-14、TX25-17、TX25-23、TX25-26、TX25-35、TX25-61、TX25-117、TX25-133、TX25-146、TX25-154、TX25-155、TX25-200、TX25-211、TX25-247、TX25-248、TX25-261、TX25-292、TX25-300	TX25-50 TX25-53 TX25-139 TX25-148 TX25-175 TX25-203	无

表 4-32 数字图像技术的摊铺沥青混合料均匀性评价指标

沥青混合料级配类型	静矩离异系数 C_v			
	无离析	轻微离析	中等离析	严重离析
AC-13	＜9.6%	9.6%～21%	21%～33%	＞33%
AC-20	＜10.14%	10.14%～24%	24%～35%	＞35%
AC-25	＜11.4%	11.4%～25%	25%～38%	＞38%

依据表 4-31 标准评价的部分摊铺沥青混合料照片及评价结果如图 4-15 所示。

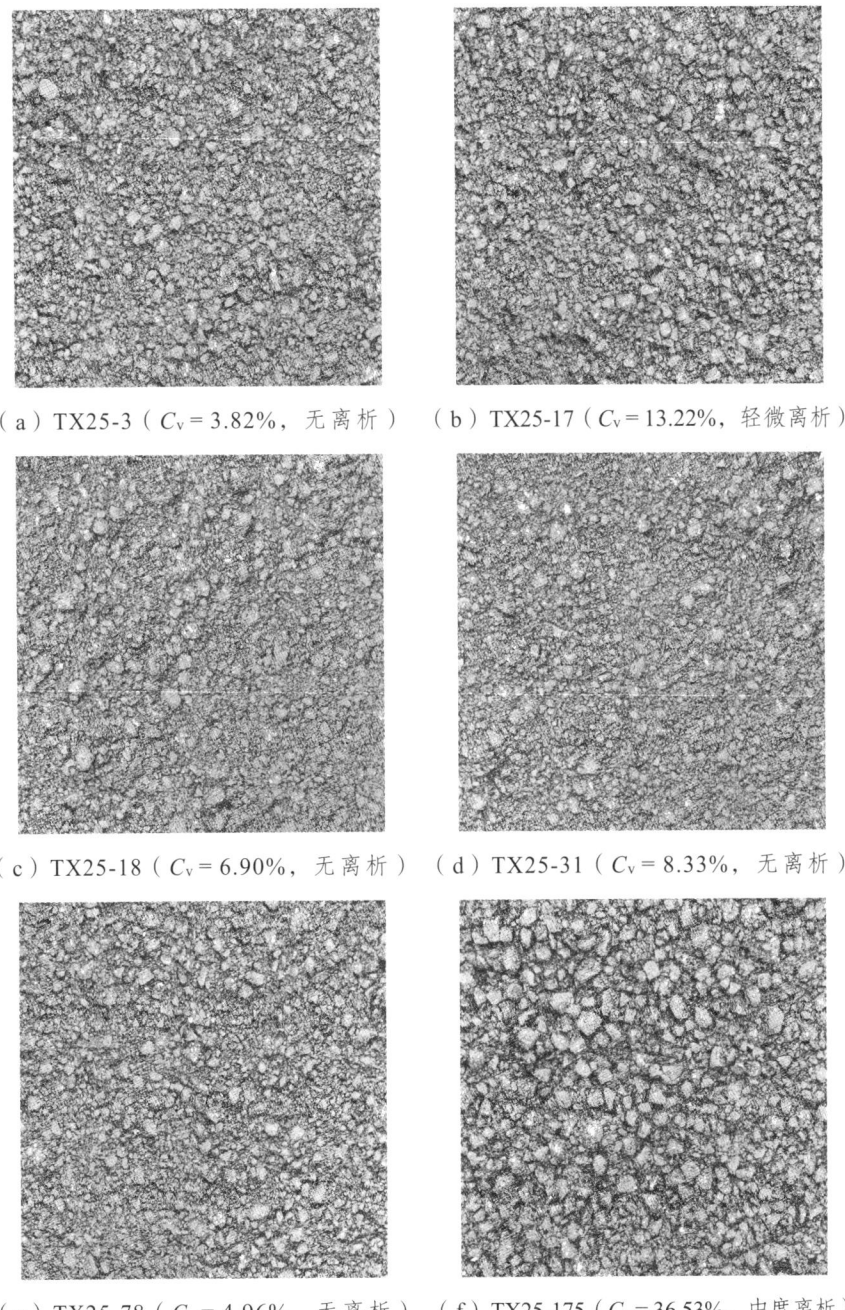

（a）TX25-3（C_v = 3.82%，无离析）　　（b）TX25-17（C_v = 13.22%，轻微离析）

（c）TX25-18（C_v = 6.90%，无离析）　　（d）TX25-31（C_v = 8.33%，无离析）

（e）TX25-78（C_v = 4.96%，无离析）　　（f）TX25-175（C_v = 36.53%，中度离析）

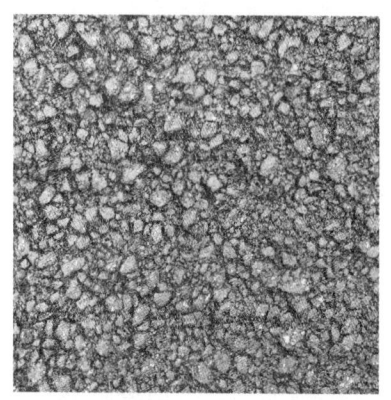 

（g）TX25-203（C_v = 34.89%，　　（h）TX25-211（C_v = 16.92%，
　　　中度离析）　　　　　　　　　　　轻微离析）

图 4-15　AC-25 摊铺沥青混合料图像对应静矩离异系数

其中：图 4-15（a）、图 4-15（e）沥青混合料均匀性较好，对应静矩离异系数 C_v 分别为 3.82% 和 4.96%，为无离析沥青混合料区域；图 4-15（b）中，虽然无明显级配离析，但图像左下角出现了明显的细集料集中，对应静矩离异系数为 13.22%，为轻微离析沥青混合料区域；图 4-15（h）中，相较无离析区域细集料占比较多，表现为细集料离析，对应静矩离异系数为 16.92%，为轻微离析区域；图 4-15（f）中，相较无离析区域粗集料占比较大但集料位置分布较为均匀，粗集料离析明显，对应静矩离异系数为 36.53%，为中度离析区域接近重度离析；图 4-15（g）中，图像右侧区域分布较为均匀，图像左侧区域粗集料占比较多，对应静矩离异系数为 34.89%，为中度离析区域。

由以上结果可知，本书提出的依据静矩离异系数评价摊铺沥青混合料均匀性结论合理可信，具有较高的准确性与适用性。

4.4　本章小结

（1）基于图像颗粒的四边静矩分析，提出以相对于理想均匀分布的分档加权四边静矩离异系数 C_v 作为摊铺沥青混合料均匀性评价指标，并给出了分档加权四边静矩离异系数 C_v 的计算方法及计算程序。

（2）依托实体工程，分别对 AC-13、AC-20、AC-25 级配类型摊铺沥青混合料实时数字图像进行了分析计算，依据得到的分档加权四边静矩离异系数 C_v 给出了其均匀性评价结果。根据均匀性评价结果，不同级配类型沥青混合料现场实测的静矩离异系数值大多集中在 10%趋势线以内，并通过视觉观察对比原图像，均匀性评价结果与实际图像中均匀性具有较好的一致性。

（3）通过对不同采集高度下静矩离异系数 C_v 的变化进行研究，确定适宜的图像采集高度范围。研究结果表明，本书建议图像采集高度为 50~75 cm。

（4）基于 AC-13、AC-20、AC-25 标准级配混合料的空隙率变化离析评价标准以及铺沙法实测沥青面层表面构造深度并结合构造深度离析评价标准提出分档加权四边静矩离异系数 C_v 的摊铺沥青混合料均匀性评价标准。

5 沥青混合料离析对其路用性能的影响研究

随着沥青混合料离析程度的增加,均匀性评价指标静矩离异系数也随之增加。当沥青混合料发生粗集料离析时,其空隙率随着静矩离异系数的增大而增大;当发生细集料离析时,其空隙率随着均匀性评价指标的减小而减小,结构参数的变化进而对沥青混合料路用性能造成影响[141-145]。本章通过将不同离析程度静矩离异系数对应沥青混合料配合比进行路用性能试验,对路用性能与沥青混合料均匀性的关系进行研究。

5.1 不同离析程度时的沥青混合料配合比

本书以第 2.4 节中 AC-20、AC-25 级配类型不同离析程度沥青混合料配合比进行室内试验,研究青混合料均匀性指标 C_v 与沥青混合料性能变化的影响。具体不同离析程度沥青混合料配合比与对应加权四边静矩离异系数均匀性指标见表 5-1、表 5-2。

表 5-1 AC-20 不同离析程度沥青混合料配合比及对应静矩离异系数 C_v

筛孔直径/mm	离析程度				
	粗集料严重离析	粗集料中等离析	粗集料轻微离析	无离析	细集料离析
26.5	100	100	100	100	100
19	92	93	94	95	97
16	77	80	83	85	87.5

续表

筛孔直径/mm	离析程度				
	粗集料严重离析	粗集料中等离析	粗集料轻微离析	无离析	细集料离析
13.2	55	60	67	71	85
9.5	45	50	56	61	78.5
4.75	26	31	36	41	68.2
2.36	20	24	27	30	45.6
1.18	15.5	18.5	20.5	22.5	34.2
0.6	11	13	14	16	26.8
0.3	8	9	10	11	18.9
0.15	6.5	7.5	8	8.5	12.3
0.075	3.5	4	4.5	5	10
油石比/%	3.4	3.91	4.28	4.5	5.5
静矩离异系数 C_v	41%	24%	13%	0%	13%

表 5-2　AC-25 不同离析程度沥青混合料配合比及对应静矩离异系数 C_v

筛孔直径/mm	离析程度				
	粗集料严重离析	粗集料中等离析	粗集料轻微离析	无离析	细集料离析
31.5	100	100	100	100	100
26.5	92	93	94	95	97
19	75	77.6	80.9	82.5	87.5
16	57	63	70	74	85
13.2	49.2	54.5	61.2	66.5	78.5
9.5	34.7	41.8	48.4	55	68.2
4.75	25.5	30	34.2	38	45.6
2.36	20	24.7	26.4	29	34.2
1.18	15.5	18.2	19.6	22.5	26.8
0.6	11.7	13.1	14.4	16	18.9

续表

筛孔直径/mm	离析程度				
	粗集料严重离析	粗集料中等离析	粗集料轻微离析	无离析	细集料离析
0.3	8.4	9.7	10.3	11	12.3
0.15	6	6.8	7.7	8.5	10
0.075	3.5	4	4.5	5	6
油石比/%	3.24	3.56	3.9	4.53	2.89
静矩离异系数 C_v	40%	27%	11%	0%	15%

5.2 离析对和易性的影响

沥青混合料的和易性关系到沥青混合料在施工中的生产、拌和、运输、压实等过程，较好的和易性是保证沥青混合料均匀性和压实度，从而获得良好性能的前提条件[146-149]。

本书通过室内试验，观察在相同的拌和、成型温度下，不同离析程度的沥青混合料颜色特征、花白料情况，对拌和的难易程度及马歇尔试件成型的难易程度对不同均匀性指标沥青混合料和易性的变化进行研究。以AC-20沥青混合料为例，沥青混合料离析程度与和易性关系见表5-3。

表5-3 离析程度与和易性关系

离析程度	拌和温度/°C	花白料情况	颜色	和易性	是否容易成型
细集料离析 F（C_v=13%）	165	未出现	表明无光泽颜色灰暗	良好	较易
无离析 D	165	未出现	沥青混合料表面颜色黑亮	良好	较易
粗集料轻微离析 LC（C_v=13%）	165	未出现	沥青混合料表面颜色黑亮	一般	一般
粗集料中等离析 MC（C_v=24%）	165	未出现	沥青混合料表面颜色黑亮	较差	较难
粗集料严重离析 HC（C_v=40%）	165	少量出现	沥青混合料表面颜色黑亮	极差	困难

由表5-3可知：当发生细集料离析时，由于沥青混合料中粗集料含量减少，细集料含量增加，细集料之间的润滑作用增加，沥青混合料的

施工和易性较好，无花白料情况存在，且马歇尔试件成型较为容易；当发生粗集料离析时，随着均匀性评价指标静矩离异系数 C_V 的增加，沥青混合料的和易性逐渐变差；当沥青混合料发生轻微离析时，其施工和易性较无离析沥青混合料无明显变化，当发生粗集料中等离析时，拌和过程中和易性较无离析沥青混合料变差，成型马歇尔试件时较为困难；当发生粗集料严重离析时，粗集料含量增加，粗集料直接的嵌挤摩擦力增加，导致沥青混合料和易性变差，且存在少量花白料情况，在成型马歇尔试件时较为困难，击实过程中出现集料破碎的现象。在相同的击实次数下，不同离析程度的沥青混合料在击实成型后，试件高度差较大，细集料离析沥青混合料试件高度较低，粗集料离析沥青混合料随着离析评价指标的增加，试件高度增加。试验结果表明：离析对沥青混合料的施工和易性影响明显，当沥青混合料发生离析时，在相同的压实条件下，路面压实度产生偏差，从而对沥青路面的平整度产生影响。如图 5-1、图 5-2 所示为离析对沥青混合料的拌和及成型高度产生一定的影响。

图 5-1　粗集料离析沥青混合料　　图 5-2　不同离析试件成型高度差大

5.3　均匀性评价指标与水稳定性关系研究

沥青混合料的水损害也是沥青路面常见的破坏形式之一，并且水损害的程度会随水作用时间的增长而增加。水会严重影响路面的使用性能，它不但可以降低沥青胶结料的黏聚性，还会使沥青与集料之间的黏附作用减弱，严重影响路面的耐久性。沥青路面在长期使用过程中，大气中的水分和降雨会通过空隙进入路面结构中，并且在车辆荷载和热胀冷缩作用下产生动水压力，水分渗入沥青与集料界面，降低两者间黏结力，并随之出现剥落现象。

相关研究表明，产生粗集料离析的沥青混合料水稳定性差，在有水存在的情况下，受行车荷载作用导致动水冲刷，易使粗集料表面沥青膜脱落，从而导致强度降低，出现坑槽等早期病害[150-154]。

本书根据 AC-20、AC-25 不同离析程度沥青混合料浸水马歇尔试验和冻融劈裂试验结果，研究沥青混合料的水稳定性随离析程度增加的变化规律。

5.3.1 浸水马歇尔试验

浸水马歇尔试验可以检验沥青混合料受水侵蚀时的抗剥落能力。

1. 试验设备与条件

成型标准马歇尔试件，将试件分两组养护，一组在 60 ℃ 水箱中存放 30 min，另一组在 60 ℃ 水箱中存放 48 h，每组 4 个平行试件，采用马歇尔试验仪对试件进行测试，加载速率为 50 mm/min。

2. 试验参数

浸水残留稳定度：

$$MS_0 = \frac{MS_1}{MS} \times 100 \quad (5\text{-}1)$$

式中：MS、MS_1 为浸水前、后试件的稳定度（kN）。

3. 试验结果分析

AC-20、AC-25 不同静矩离异系数对应离析程度沥青混合料真空饱水残留稳定度试验得出的试验结果见表 5-4、表 5-5。

表 5-4　不同静矩离异系数 AC-20 沥青混合料真空饱水残留稳定度试验结果

级配组成	细集料离析 F (C_v=13%)	无离析 D	粗集料轻微离析 LC (C_v=13%)	粗集料中等离析 MC (C_v=24%)	粗集料严重离析 HC (C_v=40%)
浸水前稳定度 /kN	13.42	12.89	9.17	8.07	6.68
真空饱水后稳定度/kN	11.88	10.96	6.79	5.68	3.92
真空饱水残留稳定度/%	88.52	85.03	74.05	70.38	56.68

表 5-5　不同静矩离异系数 AC-25 沥青混合料真空饱水残留稳定度试验结果

级配组成	细集料 离析 F ($C_v=15\%$)	无离析 D	粗集料轻微 离析 LC ($C_v=11\%$)	粗集料中等离 析 MC ($C_v=27\%$)	粗集料严重 离析 HC ($C_v=40\%$)
浸水前稳定度/kN	10.95	11.34	9.04	7.51	6.76
真空饱水后稳定度/kN	9.00	9.14	5.92	4.75	3.43
真空饱水残留稳定度/%	82.19	80.60	70.38	65.49	50.74

AC-20 浸水马歇尔试验结果如图 5-3 所示。

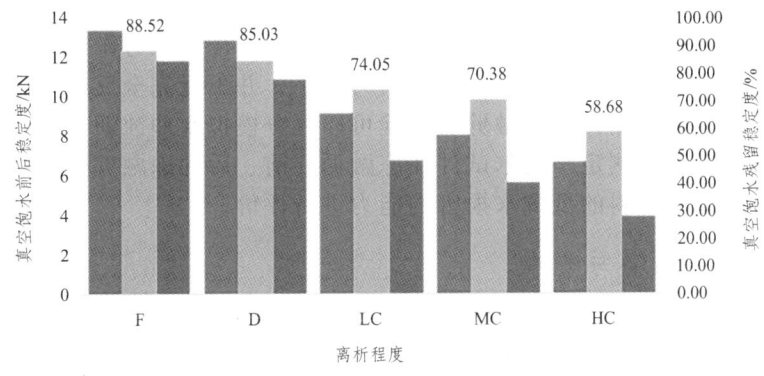

图 5-3　AC-20 沥青混合料不同离析程度浸水马歇尔试验结果

AC-25 沥青混合料不同静矩程度浸水马歇尔试验结果如图 5-4 所示。

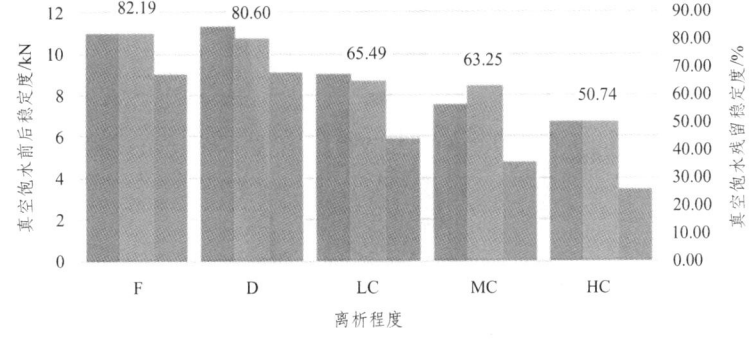

图 5-4　AC-25 沥青混合料不同离析程度浸水马歇尔试验结果

由试验结果可知，分析不同离析程度沥青混合料浸水马歇尔试验结果，发生细集料离析时的真空饱水残留稳定度最高，相对无离析混合料增加了 4.11%，发生粗集料离析时，随着静矩离异系数的增加，真空饱水残留稳定度随之减小，轻度离析、中度离析、重度离析较无离析混合料分别下降了 12.91%、17.22%、30.98%。

对于 AC-25 混合料，发生细集料离析时相对无离析混合料增加了 1.97%，粗集料轻度离析、中度离析、重度离析较无离析混合料分别下降了 18.75%、21.52%、37.05%。

5.3.2 冻融劈裂试验

在浸水马歇尔的试验条件下，试件受到的是径向压力作用，试验结果主要反映的是集料颗粒间的内摩阻力大小，并不能完全反映混合料中沥青黏结力的作用。而冻融劈裂试验可以充分模拟水冲蚀沥青混合料后的水损坏，通过测定马歇尔试件在冻融循环前、后的冻融劈裂抗拉强度比，对沥青混合料的抵抗水损害的能力进行评价。

1. 试验设备与条件

成型标准马歇尔试件（双面击实 50 次），将试件分两组养护：一组在 98.3~98.7 kPa 真空条件下放置 15 min，恢复常压后饱水 30 min，然后置于 −18 ℃环境下 16 h，最后 60 ℃水浴 24 h 完成 1 个冻融循环；另一组无须特殊处理。试验前将两组试件放置在 25 ℃恒温水箱中浸泡 2 h 以上，用马歇尔稳定度测试仪测量其最大荷载，加载速率为 50 mm/min。试验过程如图 5-5 所示。

图 5-5 冻融劈裂试验

2. 试验参数

（1）劈裂抗拉强度：

$$R_{T1} = 0.006\,287 P_{T1} / h_1 \tag{5-2}$$

$$R_{T2} = 0.006287 P_{T2} / h_2 \tag{5-3}$$

式中：P_{T1}、P_{T2} 为未冻融循环组、冻融循环组单个试件的试验荷载值(N)；h_1、h_2 为未冻融循环组、冻融循环组单个试件高度（mm）。

（2）冻融劈裂抗拉强度比：

$$TSR = \frac{\overline{R_{T2}}}{\overline{R_{T1}}}$$

3. 试验结果

AC-20、AC-25 沥青混合料不同离析程度冻融劈裂结果见表 5-6、表 5-7、图 5-6、图 5-7。

表 5-6 不同级配组成 AC-20 沥青混合料的冻融劈裂试验结果

离析程度	细集料离析 F $C_v=13\%$	无离析 D	粗集料轻微离析 LC $C_v=13\%$	粗集料中等离析 MC $C_v=24\%$	粗集料严重离析 HC $C_v=40\%$
冻前劈裂强度/MPa	0.97	0.76	0.65	0.51	0.45
冻后劈裂强度/MPa	0.84	0.63	0.49	0.31	0.24
冻融劈裂强度比/%	86.60	82.89	75.38	60.78	53.33
二次冻融后劈裂强度/MPa	0.82	0.62	0.47	0.29	0.22
二次冻融后劈裂强度比/%	84.54	0.61	72.91	56.86	48.89
规范要求/%	不小于 75				

表 5-7　不同级配组成 AC-25 沥青混合料的冻融劈裂试验结果

离析程度	细集料 离析 F $C_v=15\%$	无离析 D	粗集料轻微 离析 LC $C_v=11\%$	粗集料中等 离析 MC $C_v=27\%$	粗集料严重 离析 HC $C_v=40\%$
冻前劈裂强度/MPa	0.65	0.53	0.48	0.32	0.11
冻后劈裂强度/MPa	0.55	0.43	0.34	0.19	0.05
冻融劈裂强度比/%	84.21	81.82	71.79	59.68	46.15
二次冻融后劈裂强度/MPa	0.523	0.422	0.328	0.177	0.045
二次冻融后劈裂强度比/%	80.46	79.62	68.33	55.31	40.91
规范要求/%	不小于 75				

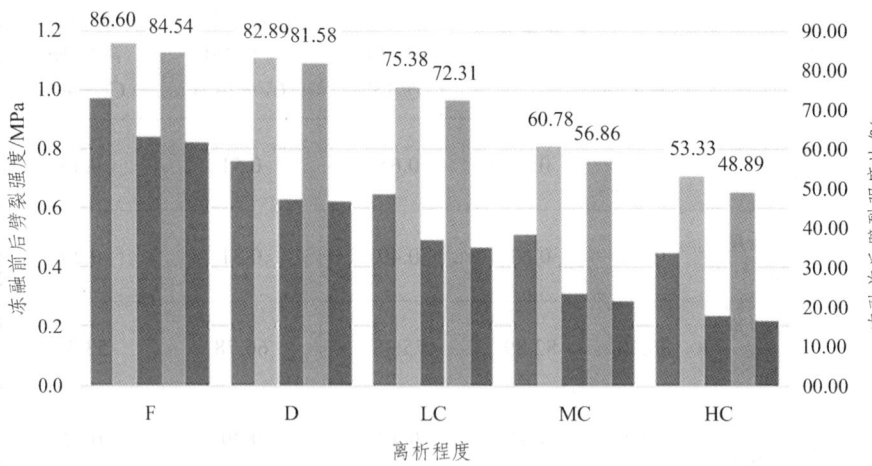

图 5-6　不同离析程度沥青混合料劈裂抗拉强度比变化（AC-20）

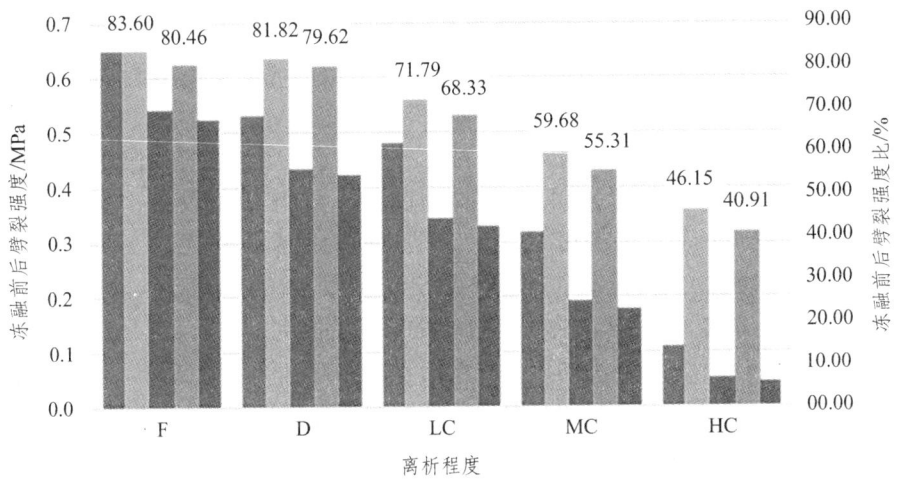

图 5-7 不同离析程度沥青混合料劈裂抗拉强度比变化（AC-25）

由试验结果可知：AC-20 混合料与未发生离析混合料相比，细集料离析在一次、两次冻融循环后劈裂强度比分别增加了 4.47%、3.62%。粗集料轻、中、重度离析混合料的劈裂强度比在一次后劈裂强度分别下降 9.06%、26.67%、35.66%，经过两次冻融循环后分别下降 11.37%、30.3%、40.07%。

对于 AC-25 混合料，与未发生离析混合料相比，细集料离析在一次、两次冻融循环后劈裂强度比分别增加了 2.17%、1.06%。粗集料轻、中、重度离析混合料的劈裂强度比在一次冻融循环后劈裂强度分别下降 12.25%、27.06%、43.59%，经过两次冻融循环后分别下降 14.18%、30.53%、48.62%。

两种水稳性评价方法的结果一致。当混合料中细集料含量增加时，混合料的比表面积增加，增加了沥青与矿料的作用面积，使得结构沥青含量略有增加，导致细集料离析时水稳定性有小幅度增加。当发生粗集料离析时，随着静矩离异系数的增加，沥青混合料试件空隙率显著增加，从而增加了水与沥青的接触面积，加速了沥青与集料的剥离，从而降低了沥青混合料的抗水损害的能力。

5.4 均匀性评价指标与高温稳定性关系研究

在夏季或高温地区，受环境因素和车辆荷载的反复作用，高温稳定性较差的沥青路面极易出现车辙现象。沥青混合料作为一种弹塑性材料，其塑性变形的产生和诸多因素有关，可将车辙形成的原因分为内因和外因，外因是交通荷载作用次数的不断积累、渠化交通的增加，内因是沥青胶结料在高温环境下模量下降，抗变形能力变差，在荷载作用下路面易产生横向的剪切变形。因此，在高温地区，当车流量较大、车速较慢时，车辙变形的危害程度相当之大，是路面的主要病害之一。要使高温地区沥青路面在交通荷载作用下不致出现车辙、波浪、拥包、推移和泛油等病害，需要保证沥青路面有较好的高温稳定性。

本书通过对 AC-20 不同离析程度沥青混合料进行车辙试验，对均匀性评价指标 C_v 对沥青混合料的高温稳定性影响进行研究。试验结果见表 5-8。

表 5-8 不同级配组成 AC-20 沥青混合料车辙试验结果

离析程度	细集料 离析 F $C_v=13\%$	无离析 D	粗集料轻微 离析 LC $C_v=13\%$	粗集料中等 离析 MC $C_v=24\%$	粗集料严重 离析 HC $C_v=40\%$
动态稳定度/ （次/mm）	1 333	1 626	1 788	943	712
规范要求/ （次/mm）	不小于 800				

由表 5-8 数据可知：细集料离析（$C_v=13\%$）沥青混合料的动稳定度较无离析沥青混合料的动稳定度减小了 18%；粗集料轻微离析（$C_v=13\%$）沥青混合料的动稳定度较无离析沥青混合料的动稳定度增加了 10%；粗集料中等离析（$C_v=24\%$）沥青混合料的动稳定度较无离析沥青混合料的动稳定度减小了 42%；粗集料严重离析（$C_v=40\%$）沥青混合料的动稳定度较无离析沥青混合料的动稳定度减小了 57%。

由试验结果可知：在细集料离析的车辙试验结果中，沥青混合料动稳定度略有降低；当发生粗集料离析时，随着静矩离异系数的增加，沥青混合料的动稳定度呈先增加后降低趋势，当沥青混合料发生粗集料轻微离析时，其车辙动稳定度略有增加，当发生粗集料中等离析和严重离析时，沥青路动稳定度显著下降，其中粗集料严重离析（$C_v=40\%$）沥青混合料的动稳定度不满足规范所要求的最低标准。

对其原因进行分析，当沥青混合料发生细集料离析，其级配组成细集料含量增加，粗集料含量减少，沥青含量相对无离析混合料增加，因此，细集料离析混合料相对于无离析混合料无法形成足够强度的骨架结构，缺少由粗集料之间嵌挤提供的较高的抗剪强度，从而降低动稳定度，降低抗车辙变形的能力；当沥青混合料发生粗集料离析时，轻微离析的沥青混合料中粗集料含量略有增加，强化了沥青混合料的骨架结构，从而得到较高的抗变形能力；当沥青混合料发生粗集料中度离析甚至发生粗集料严重离析时，粗集料含量过多，较低的沥青含量无法提供足够的黏聚力，且细集料含量过低无法对内部空隙提供足够的填充，从而降低了结构的稳定性，劣化了沥青混合料的抗车辙变形能力，粗集料严重离析沥青混合料已无法满足工程中抵抗车辙变形的能力。因此，在沥青混合料施工中，严格控制沥青混合料的级配以及施工工艺，并根据摊铺沥青混合料均匀性评价指标及时指导施工。

5.5 均匀性评价指标与低温抗裂性能关系研究

低温开裂是沥青路面的主要破坏形式之一。冬季温度较低时，沥青路面内部由于温度下降产生温度应力，一般情况下，具有较好应力松弛能力的沥青混合料在温度缓慢变化时不易产生开裂。但当气温骤变或面层材料应力松弛性能较差时，沥青混合料内部温度应力来不及释放而超过抗拉强度极限值，路面会出现开裂。出现开裂的路面连续性和美观性较差，且来自外界的水分会通过裂缝流入基层甚至路基，严重影响了路面的使用质量和寿命，加剧路面的破坏。

本书通过低温劈裂试验来评价不同离析程度下沥青混合料的低温抗裂性能，试验结果见表 5-9。

表 5-9 不同离析程度 AC-20 沥青混合料低温劈裂试验结果

离析程度	细集料离析 $C_v=13\%$	无离析	粗集料轻微离析 $C_v=13\%$	粗集料中等离析 $C_v=24\%$	粗集料严重离析 $C_v=40\%$
低温劈裂抗拉强度/MPa	1.84	1.92	1.65	0.99	0.92

由表 5-9 中数据得出：随着静矩离异系数的增加，沥青混合料低温抗裂性性能随之降低。细集料离析（$C_v=13\%$）、粗集料轻微离析（$C_v=$

13%）、粗集料中等离析（$C_v = 24\%$）、粗集料严重离析（$C_v = 40\%$）沥青混合料的劈裂抗拉强度分别降低了 4.2%、14.1%、48.4%、52.1%。这表明随着离析程度的增加，沥青混合料在低温条件下抵抗开裂的能力呈显著下降趋势。

5.6 均匀性评价指标与室内试验结果汇总

综合室内试验结果，沥青混合料的路用性能随着沥青混合料离析程度变化而变化，路用性能的变化可对沥青混合料离析程度的评价提供一定的依据。AC-20 沥青混合料不同离析程度各项指标变化结果见表 5-10。

由表 5-10 可知，随着沥青混合料离析程度的增加，均匀性评价指标静矩离异系数值随之增加，沥青混合料各项指标也发生相应的改变，静矩离异系数均匀性评价结果能够较好地反映离析对沥青混合料路用性能造成的变化。因此，在沥青路面施工中，应及时根据摊铺沥青混合料均匀性评价结果和现场环境、气候状况对施工进行指导，避免出现沥青混合料离析而造成早期病害的产生，影响路面使用寿命。

表 5-10 不同离析程度沥青混合料各项指标的变化（AC-20）

离析程度	细集料离析	无离析	粗集料轻微离析	粗集料中等离析	粗集料严重离析
与标准空隙率差值	<－1.2	－1.2~0.9	0.9~2.5	2.5~3.9	>3.9
静矩离异系数 C_v 指标	>10.14%	<10.14%	10.14%~24%	24%~35%	>35%
水稳定性变化	增加超过 2.1%	—	降低超过 12.91%	降低超过 17.22%	降低超过 30.98%
高温稳定性变化	降低超过 18%	—	增加 10%	降低 42%	降低超过 51%
低温抗裂性变化	降低 4.2%	—	降低 14.1%	降低 48.4%	降低 52.1%

5.7 本章小结

本章通过室内试验，对静矩离异系数均匀性评价指标与沥青混合料的路用性能进行研究。研究结论如下：

（1）当沥青混合料发生细集料离析时，沥青混合料和易性良好，但成型试件高度降低；当沥青混合料发生粗集料离析时，随着静矩离异系数的增加，沥青混合料和易性随之变差，试件成型高度较大；在相同的压实条件下，离析会导致沥青路面压实度产生偏差，从而影响路面的平整度。

（2）通过真空饱水马歇尔稳定度试验和冻融劈裂试验对静矩离异系数均匀性评价指标与沥青混合料水稳定性的关系进行研究。试验结果表明：当发生细集料离析时，沥青混合料空隙率减小，密度增加，水对沥青混合料的影响降低，水稳定性提高；当发生粗集料离析时，沥青混合料空隙率增加，随着静矩离异系数的增大，沥青混合料水稳定性随之降低。因此，在雨水较多的区域，应严格控制沥青混合料离析的发生，防止产生沥青剥落、坑槽等病。

（3）通过车辙试验对静矩离异系数与高温稳定性的关系进行研究。试验结果表明：细集料离析沥青混合料的动稳定度显著降低；发生粗集料中等离析时，由于沥青混合料中粗集料嵌挤作用加强，强化了沥青混合料抗剪切能力，从而提高了高温稳定性；随着静矩离异系数的增加，离析程度加剧，沥青混合料高温稳定性随之急剧降低。

（4）低温劈裂试验结果表明：随着静矩离异系数均匀性评价指标的增加，沥青混合料的低温抗裂能力降低，其中粗集料轻度离析、中度离析、严重离析低温抗裂能力分别降低 14.1%、48.4%、52.1%，劣化作用显著。

（5）本书沥青混合料均匀性评价标准与沥青混合料性能变化具有较好的相关性，施工中可根据摊铺均匀性评价指标及时指导施工。

6 隧道内沥青路面摊铺机轨迹定位技术研究

6.1 ZigBee 定位系统硬件设计

6.1.1 ZigBee 定位系统基本结构组成

隧道内摊铺机定位系统由采集层、传输层、监控管理层组成,本书试验中的系统采用 PC 机(个人计算机)一台、协调器一个、参考节点多个以及盲节点一个。协调器负责网络的启动和建立,同时负责节点与 PC 机之间的通信。参考节点为已知坐标的静态节点,通过接收与发送数据包将 RSSI(接收信号强度指示)值及已知坐标信息传输至盲节点和协调器,盲节点发送并接收参考节点的 RSSI 值,通过内置算法计算出节点坐标,并通过协调器传输至上位机进行显示。ZigBee 定位系统基本组成结构如图 6-1 所示。

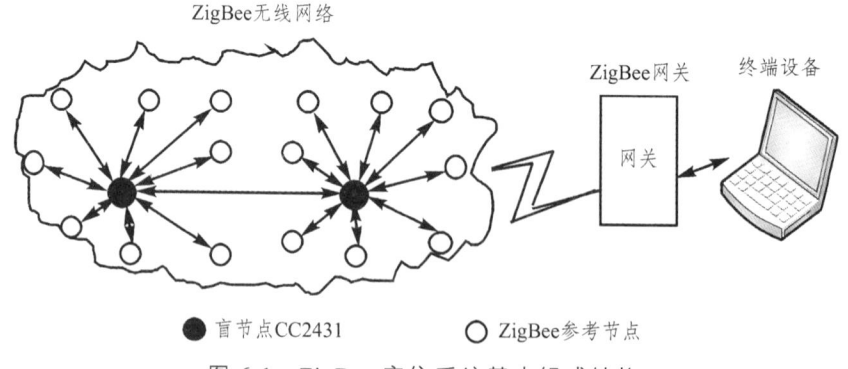

图 6-1 ZigBee 定位系统基本组成结构

本书的 ZigBee 无线定位系统由多块 CC2430 参考模块、1 块 CC2431 盲节点模块、1 块由 CC2430 与 PL2303HX 模块组成的协调器及 1 台 Smart RF04EB 仿真器组成。硬件平台实物如图 6-2 所示。

图 6-2 ZigBee 硬件平台实物

6.1.2 芯片选择

本系统 ZigBee 芯片选用德州仪器公司生产的 CC2430/CC2431 芯片。它具有符合工业标准的高性能低功耗 8051 MCU，宽电压范围以及 8KB 的静态存储器和 128KB 的闪存等，同时整合了 2.4 GHz RF（射频）收发机等强大功能。另外，它还支持 CSMA/CA（带冲突避免的载波感应多路访问）和 DMA（直接存储器访问）功能，集成 14 位模/数转换的 ADC（模-数转换器）以及 AES（对称加密算法）安全协处理器等。

CC2430 芯片为高度集成的 SoC（系统级芯片），仅需增加少量低成本外置元器件即可快速地进行 ZigBee 系统的组建。同时，CC2430 还具有低功耗、超短时间模式转换等功能，可用于协调器、路由器及终端设备，是理想的 ZigBee 解决方案。CC2430 芯片上系统的功能模块如图 6-3 所示。

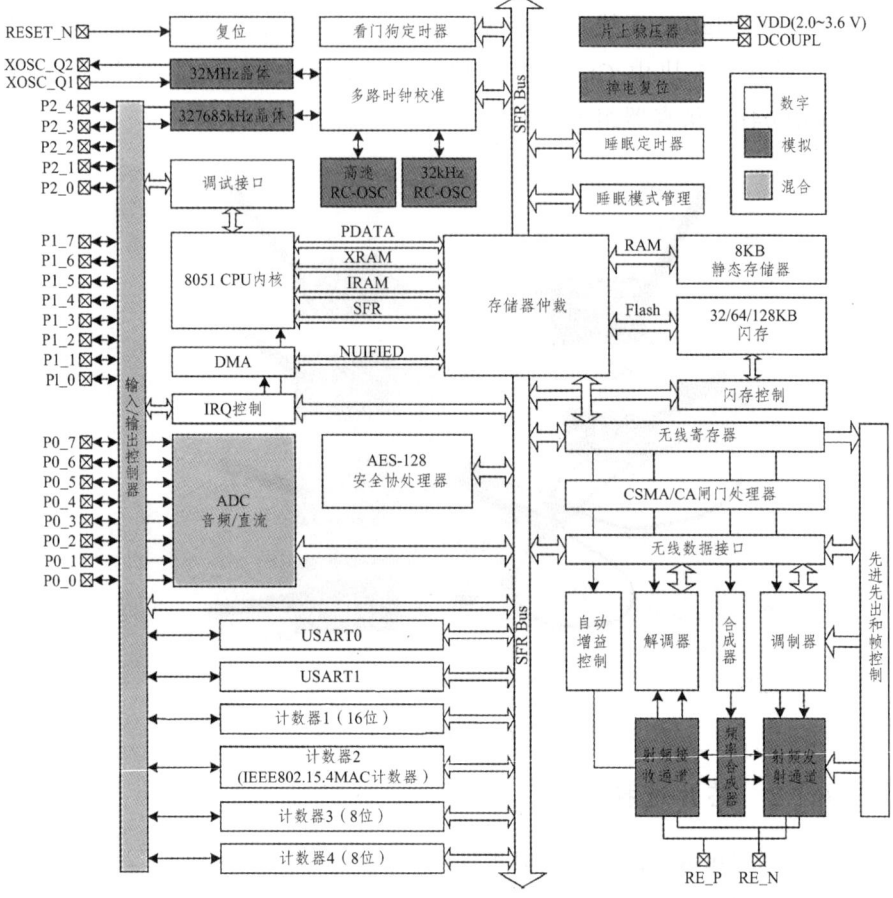

图 6-3 CC2430 功能模块

6.1.3 硬件节点设计

定位模块由协调器、参考节点和盲节点组成。协调器与参考节点均采用 CC2430 芯片，盲节点采用 CC2431 芯片，核心板由微处理器模块、无线模块等组成，底板由供电模块、通用接口模块等组成。核心板及底板原理如图 6-4 和图 6-5 所示。

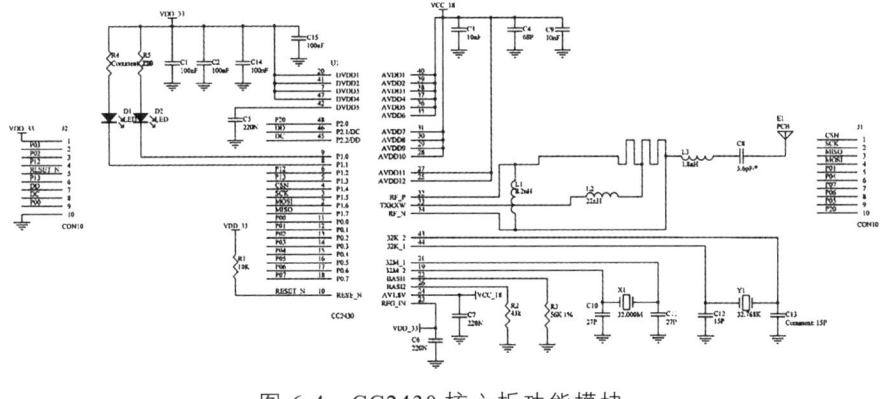

图 6-4 CC2430 核心板功能模块

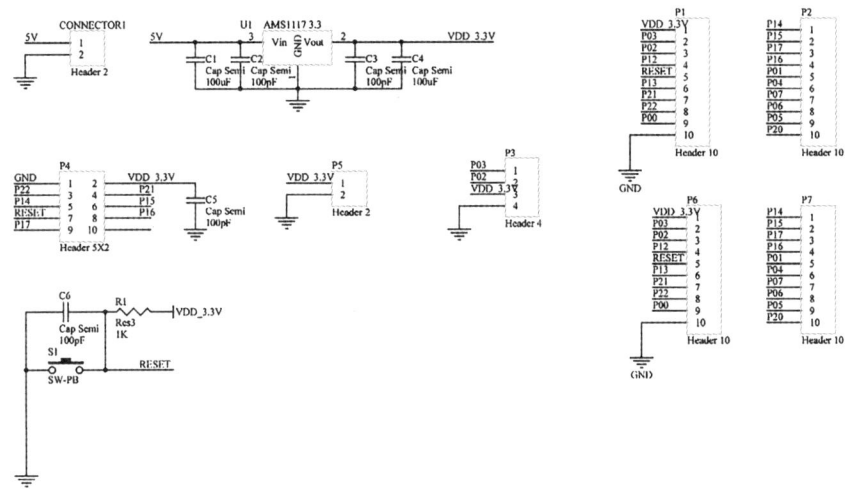

图 6-5 CC2430 底板功能模块

6.2 ZigBee 定位系统软件设计

6.2.1 IAR 开发环境

IAR 是应用程序进行编译和调试的开发工具，可以为 ARM 芯片编写高效可靠的 FLASH/PROMable 代码。

软件采用了高度优化的 C/C++ 编译器，同时包含 C-SPY 调试器、硬件调试工具、库管理工具、Run-time 库、汇编器和链接器等，内置芯片配置文件，支持 RTOS（实时操作系统）内核识别调试。其开发界面如图 6-6 所示。

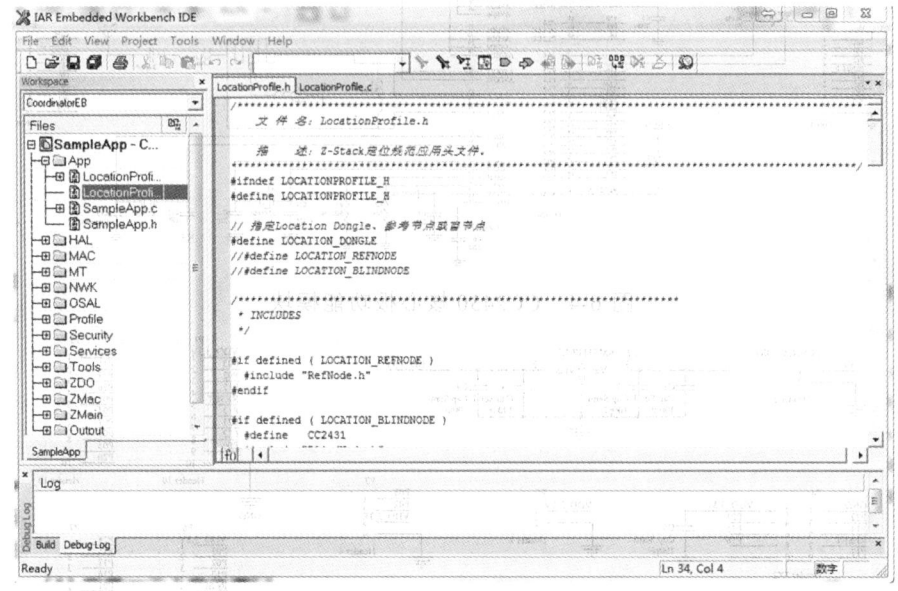

图 6-6　IAR 开发界面

6.2.2　Zstack 协议栈

Zstack 协议栈是德州仪器公司为 ZigBee 用户提供的应用解决方案，预先将各个层定义的协议都集合在一起，以函数的形式实现，并给用户提供一些 API（应用程序接口），供用户调用。在 IEEE 802.15.4 定义的 PHY 层、MAC 层基础上，ZigBee 联盟定义了 NWK 层和 APL 层。

PHY 层：对物理无线信道与媒体访问控制层间一系列接口进行定义，同时对物理层数据与物理层进行服务和管理。

MAC 层：对所有物理无线信道的访问进行处理，生成对应的网络和同步信号。

NWK 层：作为协议栈的核心，为所有类型的节点提供服务。

APL 层：APL 层包括 APS 层、应用程序框架 AF 和 ZDO 设备对象层。

ZigBee 协议的体系结构如图 6-7 所示。

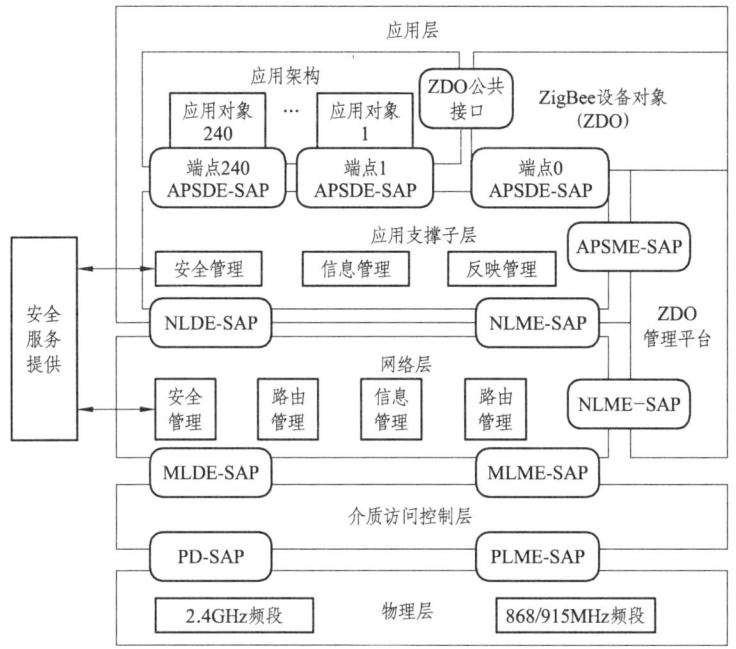

图 6-7 ZigBee 体系结构

6.2.3 SmartRF Flash Proggrammer 软件

SmartRF Flash Programmer 是一款功能强大、使用简单的闪存编程器,本次设计采用其作为无线 SoC 单片机 CC2430/31 的闪存编程及 IEEE Address 修改器。软件操作界面如图 6-8 所示。

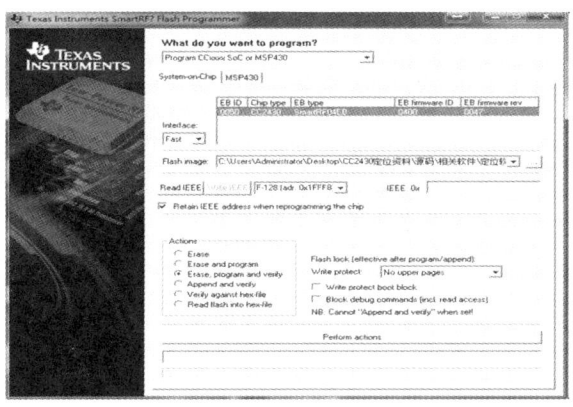

图 6-8 SmartRF FlashProgrammer 软件操作界面

6.2.4 上位机软件设计

本次设计上位软件选用了天运科技配套的一款无线定位图形监视软件，用于实现 ZigBee 有源无线网络的定位，对定位节点坐标进行实时显示，并可以对节点进行参数设置及修改。设计该软件时考虑到定位硬件的定位精度不是很高，所以该软件显示的精度为 0.25 m，即显示出的坐标值为 0.25 的整数倍。软件界面如图 6-9 所示。

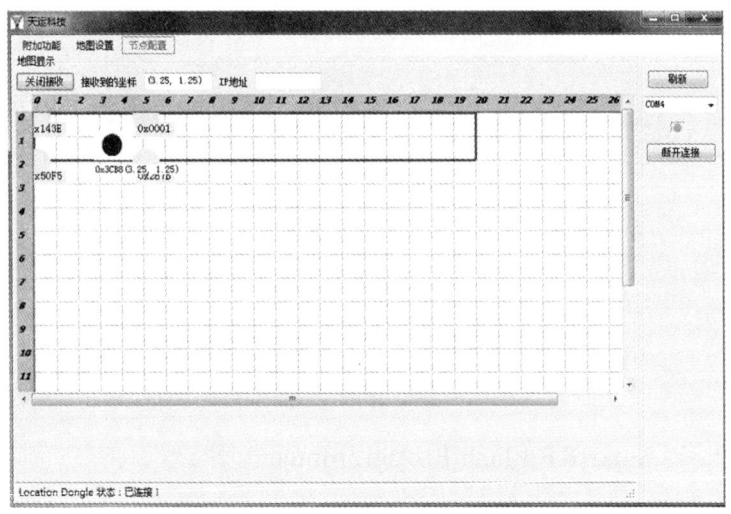

图 6-9　上位图形监视软件界面

6.3 隧道内摊铺机轨迹平面定位算法

6.3.1 摊铺机轨迹的纵向定位算法

在本书中，摊铺机行驶方向被设定为横向，垂直于横向的方向设定为纵向。同时，把摊铺机开始摊铺作业时，距离路面边缘最近的着陆点设定为基准点。靠近基准点的车道为第一次车道，其他车道依次往右类推。规定摊铺机作业时横向用 X 轴代替，纵向用 Y 轴代替，则摊铺机的位置信息用坐标 (X_k, Y_k) 表示，得到的摊铺机施工坐标系如图 6-10 所示。

本书依据摊铺机摊铺监控系统上摊铺机的纵向坐标来确定摊铺机的纵向位置。而摊铺机纵向坐标与基准点的差值是摊铺机纵向摊铺的距离。

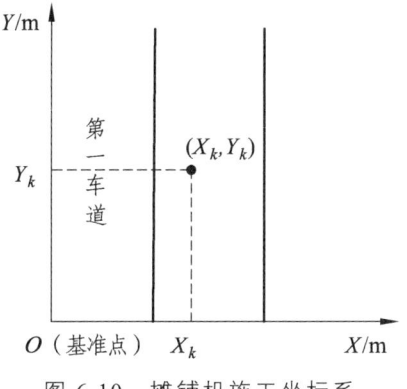

图 6-10 摊铺机施工坐标系

6.3.2 摊铺机轨迹的横向定位算法

摊铺机轨迹的横向定位确切地说就是摊铺机所在车道的判定。本书通过摊铺机碾压过程中所在车道的横向位置来对摊铺机进行横向定位。

设定摊铺机开始摊铺时，所在车道为第 N 车道，若摊铺机变换一个车道，则摊铺机就处于第 $N+1$ 车道或第 $N-1$ 车道。摊铺机在 $k-1$ 时刻的横坐标为 X_{k-1}，在 k 时刻的横坐标为 X_k，在 $k+1$ 时刻的横坐标为 X_{k+1}，在 $k+2$ 时刻的横坐标为 X_{k+2}，每个车道的理论宽度为 L，则摊铺机是否变道的判定公式为：

$$\begin{cases} |X_k - X_{k-1}| \geqslant \dfrac{L}{2} \\ |X_{k+1} - X_k| \geqslant \dfrac{L}{2} \\ |X_{k+2} - X_k| \geqslant \dfrac{L}{2} \end{cases} \quad (6\text{-}1)$$

$$\frac{2\left[(X_k - X_{k-1}) + (X_{k+1} - X_k) + (X_{k+2} - X_k)\right]}{3L} = [M] \quad (6\text{-}2)$$

为了避免摊铺机横向坐标个别时刻的波动，导致系统判定为变道，所以只有在 k、$k+1$ 和 $k+2$ 连续 3 个时刻满足式（6-1）时，系统才判定摊铺机进行了变道。而变道后为第几车道，依据式（6-2），摊铺机变道后为第 $N+[M]$ 车道。

6.3.3 参考节点数目对定位精度的影响分析

6.3.3.1 试验方案的确定

根据本书对基于 RSSI 测距的最小二乘法摊铺机轨迹定位算法的研究可知，计算移动节点位置时，至少需要 3 个参考节点。从成本和定位精度两个方面考虑，探究在计算移动节点坐标时，多少个参考节点参与计算最合适。下面分别进行 3 个、4 个、5 个、6 个、7 个和 8 个参考节点计算移动节点的试验，试验前先设定设备的相关参数，如参数 A 和参数 n，由 3.3.3 节的研究可知，参数 A 设定为 46，参数 n 根据上述确定的方法进行现场测试后设定。为了排除其他变量对试验结果的影响，试验中参考节点间隔都选定为 5 m，各试验步骤和方法也都保持一致。考虑到 3 个参考节点进行试验时，试验空间较小，不适合在隧道内利用摊铺机进行试验，因此在广那高速施工旁空地上进行。

6.3.3.2 参考节点数目选取试验及结果

1. 参考节点数目试验 1

试验 1 为 3 个参考节点进行试验，参考节点布置如图 6-11 所示。把移动节点放在 A 和 B 节点中间，然后每次沿纵向移动 1 m，记录移动节点在测点 1~6 得到的坐标。试验数据见表 6-1。

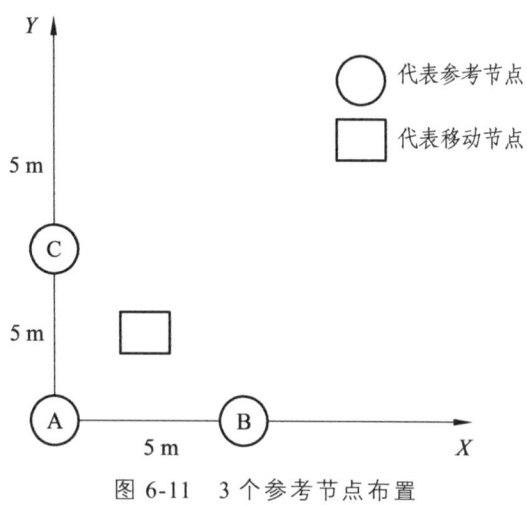

图 6-11 3 个参考节点布置

表 6-1　3 个参考节点试验结果　　　　　　　　单位：m

测点序号	上位机测试坐标值		实际坐标值		测试与实际偏差	
	X	Y	X	Y	X	Y
1	1	1	2.5	0	−1.5	1
2	1.5	2.25	2.5	1	−1	1.25
3	1.25	1	2.5	2	−1.25	−1
4	3.25	2.25	2.5	3	0.75	−0.75
5	1.5	5.5	2.5	4	−1	1.5
6	3.75	4	2.5	5	1.25	−1

2. 参考节点数目试验 2

试验 2 为 4 个参考节点进行试验，节点布置如图 6-12 所示。试验步骤及方法同 3 个参考节点的试验，得到试验数据见表 6-2。

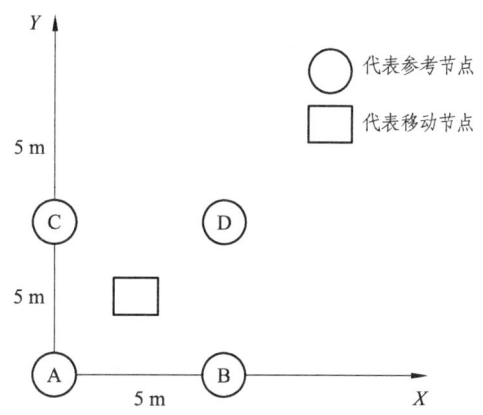

图 6-12　4 个参考节点布置

表 6-2　4 个参考节点试验结果　　　　　　　　单位：m

测点序号	上位机测试坐标值		实际坐标值		测试与实际偏差	
	X	Y	X	Y	X	Y
1	2	1.25	2.5	0	−0.5	1.25
2	2	1.5	2.5	1	−0.5	0.5
3	2.75	2.75	2.5	2	0.25	0.75
4	3.25	2.5	2.5	3	0.75	−0.5
5	1.5	3	2.5	4	−1	−1
6	2.75	4.5	2.5	5	0.25	−0.5

3. 参考节点数目试验 3

试验 3 为 5 个参考节点进行试验，节点布置如图 6-13 所示。试验步骤及方法同 3 个参考节点的试验，得到试验数据见表 6-3。

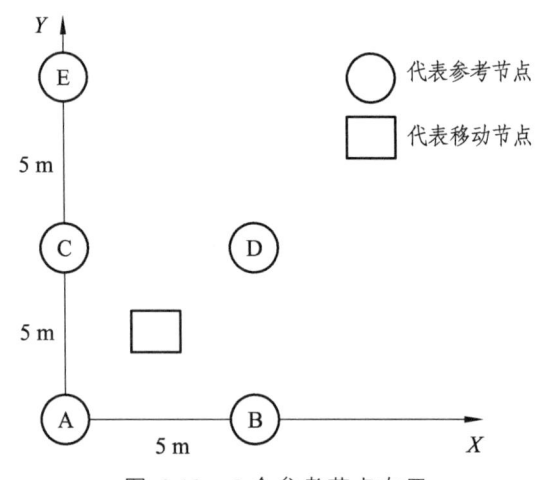

图 6-13 5 个参考节点布置

表 6-3 5 个参考节点试验结果   单位：m

测点序号	上位机测试坐标值		实际坐标值		测试与实际偏差	
	X	Y	X	Y	X	Y
1	2	0.5	2.5	0	−0.5	0.5
2	2.25	0.5	2.5	1	−0.25	−0.5
3	2.75	1.5	2.5	2	0.25	−0.5
4	3	2.25	2.5	3	0.5	−0.75
5	2.25	3.25	2.5	4	−0.25	−0.75
6	2.75	4.5	2.5	5	0.25	−0.5

4. 参考节点数目试验 4

试验 4 为 6 个参考节点进行试验，节点布置如图 6-14 所示。试验步骤及方法同 3 个参考节点的试验，得到试验数据见表 6-4。

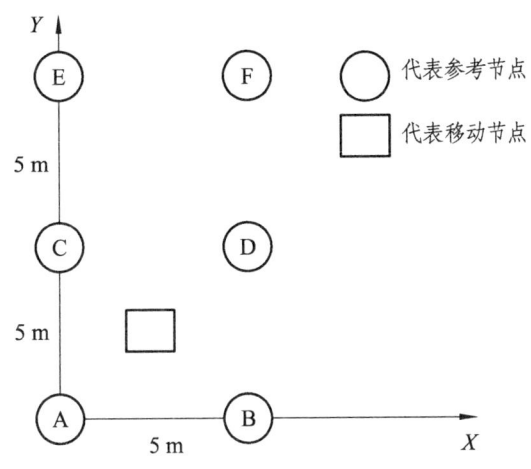

图 6-14 6 个参考节点布置

表 6-4 6 个参考节点试验结果　　　　　　　　单位：m

测点序号	上位机测试坐标值		实际坐标值		测试与实际偏差	
	X	Y	X	Y	X	Y
1	2	0.5	2.5	0	−0.5	0.5
2	2.75	0.25	2.5	1	0.25	−0.75
3	3	1.5	2.5	2	0.5	−0.5
4	2.75	3.75	2.5	3	0.25	0.75
5	1.75	3.25	2.5	4	−0.75	−0.75
6	2.75	4.5	2.5	5	0.25	−0.5

5. 参考节点数目试验 5

试验 5 为 7 个参考节点进行试验，节点布置如图 6-15 所示。试验步骤及方法同 3 个参考节点的试验，得到试验数据见表 6-5。

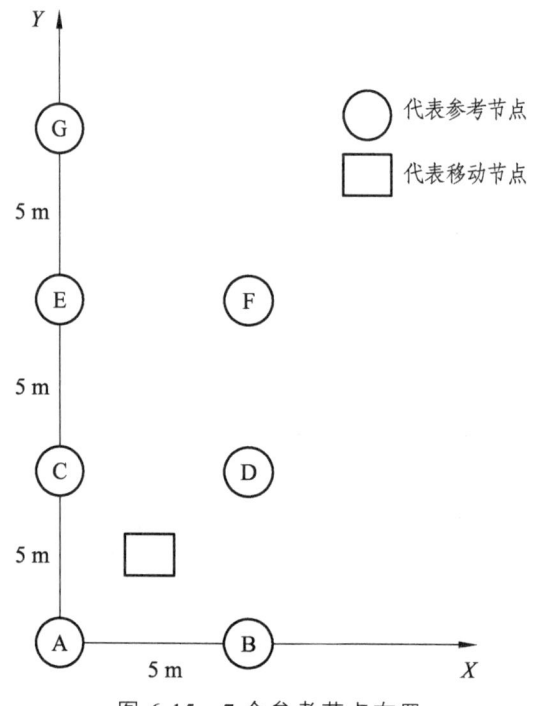

图 6-15 7 个参考节点布置

表 6-5 7 个参考节点试验结果   单位：m

测点序号	上位机测试坐标值		实际坐标值		测试与实际偏差	
	X	Y	X	Y	X	Y
1	3	0	2.5	0	0.5	0
2	2.25	0.5	2.5	1	−0.25	−0.5
3	2.5	2.75	2.5	2	0	0.75
4	2	3.75	2.5	3	−0.5	0.75
5	2.75	4.5	2.5	4	0.25	0.5
6	3	4.25	2.5	5	0.5	−0.75

6. 参考节点数目试验 6

试验 6 为 8 个参考节点进行试验，节点布置如图 6-16 所示。试验步骤及方法同 3 个参考节点的试验，得到试验数据见表 6-6。

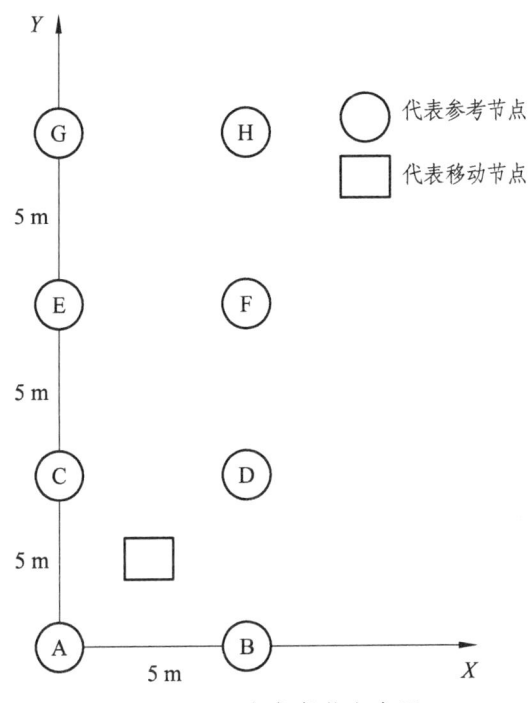

图 6-16　8 个参考节点布置

表 6-6　8 个参考节点试验结果　　　　　　　　单位：m

测点序号	上位机测试坐标值		实际坐标值		测试与实际偏差	
	X	Y	X	Y	X	Y
1	3	0.75	2.5	0	0.5	0.75
2	3	1.5	2.5	1	0.5	0.5
3	2.75	1.5	2.5	2	0.25	−0.5
4	2	2.5	2.5	3	−0.5	−0.5
5	2.25	4.25	2.5	4	−0.25	0.25
6	2.5	4.25	2.5	5	0	−0.75

6.3.3.3　试验结果分析

对比分析用 3~8 个参考节点计算移动节点的 6 组试验数据，将 6 个试验中 6 个不同坐标下的误差结果相加再取平均值，作出不同参考节点数对横纵坐标定位误差的关系曲线如图 6-17 所示。

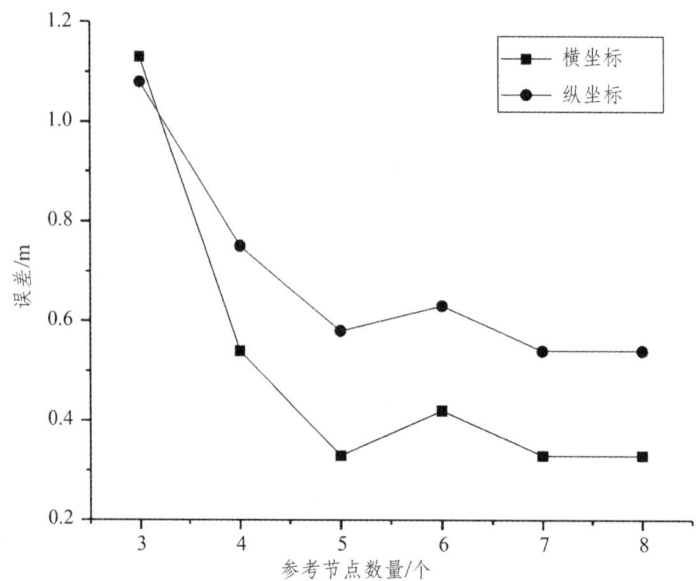

图 6-17 不同参考节点数计算下定位误差均值

由图 6-17 分析可知：移动节点横向和纵向定位误差有相似的变化趋势。当参与移动节点坐标值计算的参考节点数从 3 个变化到 5 个时，横坐标定位误差从 1.13 m 急剧下降到 0.33 m，纵坐标定位误差从 1.08 m 同样急剧下降到 0.58 m；当参与移动节点坐标值计算的参考节点数大于 5 个时，横纵坐标定位误差趋于平稳，横坐标定位误差保持在 0.33 m 左右，纵坐标定位误差保持在 0.58 m 左右。而且当参与移动节点计算的参考节点数为 5 个时，移动节点的横向和纵向定位误差都相对最小。参与移动节点计算的参考节点数为 6 个时，定位误差存在略微上升（幅度小于 0.25 m）的问题，是由于上述上位机软件设计时，移动节点坐标值显示精度为 0.25 m，所以不违背误差随参考节点数增加而减小的规律。综合以上分析，本书定位系统计算移动节点坐标值时，拟选用 5 个参考节点的坐标信息进行计算。

6.3.4 参考节点间距对定位精度的影响分析

6.3.4.1 试验方案的确定

根据隧道内情况，将参考节点矩形布置，即把参考节点放置在路面两侧（间隔 8.5 m），故参考节点的横向间隔即为路面宽度，而参考节点纵向间隔由下面试验进行确定。

本试验在隧道内沥青路面施工现场进行。试验时，把参考节点对称放置在路面两侧，盲节点放置在摊铺机驾驶室正中间；由上节分析知，本试验移动节点的坐标值由 5 个参考节点进行计算，同时设定设备的相关参数，如参数 A 和参数 n，由相关文献研究可知，参数 A 设定为 46，参数 n 根据上述确定的方法进行现场测试后设定。试验方式为摊铺机匀速摊铺，盲节点的实际位置通过记录摊铺机匀速摊铺机的速度和盲节点采集频率计算而得，并将计算得到的实际位置坐标与上位机得到的位置坐标进行比对。为了探究纵向参考节点的间隔距离，试验分为 3 种情况，间隔距离分别取 5 m、10 m、15 m。在施工现场设置参考节点坐标如图 6-18 所示。

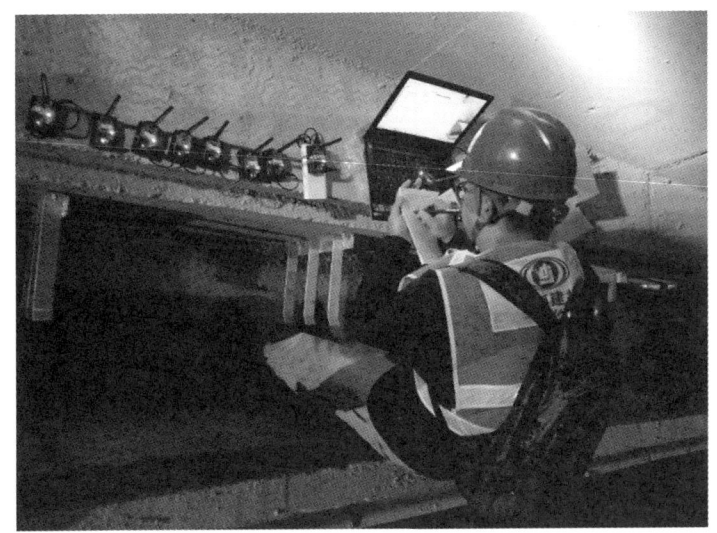

图 6-18　参考节点坐标设置

6.3.4.2　参考节点间距试验及结果

1. 参考节点间距试验 1

参考节点间距试验 1 是参考节点纵向间隔 5 m 的试验。将参考节点的坐标依次输入上位机中，再将其放到指定位置，记录相关数据。数据有所省略，见表 6-7。

表 6-7　纵向参考节点间隔 5 m 试验结果　　　　　　单位：m

测点序号	上位机测试坐标值		实际坐标值		测试与实际偏差	
	X	Y	X	Y	X	Y
第一车道前进						
1	0.5	0.75	1	0	−0.5	0.75
2	1	1.75	1	1.11	0	0.64
3	1	2	1	2.22	0	−0.22
…	…	…	…	…	…	…
13	1	13	1	13.32	0	−0.32
14	1	14.25	1	14.43	0	−0.18
15	1.25	15.75	1	15.54	0.25	0.21
第一车道后退						
1	1.25	15.5	1	15.54	0.25	−0.04
2	1.5	14.25	1	14.43	0.5	−0.18
3	0.75	12	1	13.32	−0.25	−1.32
…	…	…	…	…	…	…
13	1	2.5	1	2.22	0	0.28
14	1.5	2	1	1.11	0.5	0.89
15	1.25	0.5	1	0	0.25	0.5
第二车道前进						
1	3.25	0.5	3.1	0	0.15	0.5
2	3.5	1.75	3.1	1.11	0.4	0.64
3	3	3	3.1	2.22	−0.1	0.78
…	…	…	…	…	…	…
13	3	13.5	3.1	13.32	−0.1	0.18
14	3	14.5	3.1	14.43	−0.1	0.07
15	3.25	14.75	3.1	15.54	0.15	−0.79
第二车道后退						
1	3.5	14.5	3.1	15.54	0.4	−1.04

续表

测点序号	上位机测试坐标值		实际坐标值		测试与实际偏差	
	X	Y	X	Y	X	Y
2	3	14	3.1	14.43	−0.1	−0.43
3	3	12.75	3.1	13.32	−0.1	−0.57
…	…	…	…	…	…	…
13	3.5	3	3.1	2.22	0.4	0.78
14	3.75	2.25	3.1	1.11	0.65	1.14
15	3.5	1	3.1	0	0.4	1
第三车道前进						
1	5	0	5.2	0	−0.2	0
2	5.5	1.25	5.2	1.11	0.3	0.14
3	4.5	2	5.2	2.22	−0.7	−0.22
…	…	…	…	…	…	…
13	5.5	14	5.2	13.32	0.3	0.68
14	5	14.25	5.2	14.43	−0.2	−0.18
15	5.25	15	5.2	15.54	0.05	−0.54
第三车道后退						
1	5.5	14.75	5.2	15.54	0.3	−0.79
2	4.5	13.75	5.2	14.43	−0.7	−0.68
3	4.75	12.25	5.2	13.32	−0.45	−1.07
…	…	…	…	…	…	…
13	4.25	1.75	5.2	2.22	−0.95	−0.47
14	4.5	1.25	5.2	1.11	−0.7	0.14
15	5	0.5	5.2	0	−0.2	0.5
第四车道前进						
1	7.5	0.5	7.3	0	0.2	0.5
2	7.25	1.25	7.3	1.11	−0.05	0.14
3	7	3	7.3	2.22	−0.3	0.78

续表

测点序号	上位机测试坐标值		实际坐标值		测试与实际偏差	
	X	Y	X	Y	X	Y
…	…	…	…	…	…	…
13	7.5	13.75	7.3	13.32	0.2	0.43
14	6.75	15	7.3	14.43	−0.55	0.57
15	7	15	7.3	15.54	−0.3	−0.54
第四车道后退						
1	7.5	15.5	7.3	15.54	0.2	−0.04
2	7.5	13	7.3	14.43	0.2	−1.43
3	7.25	12.5	7.3	13.32	−0.05	−0.82
…	…	…	…	…	…	…
13	6.75	2	7.3	2.22	−0.55	−0.22
14	7	1.25	7.3	1.11	−0.3	0.14
15	7.5	1	7.3	0	0.2	1

2. 参考节点间距试验 2

参考节点间距试验 2 是参考节点纵向间隔 10 m 的试验。试验数据见表 6-8。

表 6-8　纵向参考节点间隔 10 m 试验结果　　　单位：m

测点序号	上位机测试坐标值		实际坐标值		测试与实际偏差	
	X	Y	X	Y	X	Y
第一车道前进						
1	0	0.75	1	0	−1	0.75
2	0	3	1	1.11	−1	1.89
3	0.25	2.5	1	2.22	−0.75	0.28
…	…	…	…	…	…	…
13	1.75	13	1	13.32	0.75	−0.32
14	0.25	13	1	14.43	−0.75	−1.43

续表

测点序号	上位机测试坐标值		实际坐标值		测试与实际偏差	
	X	Y	X	Y	X	Y
15	2	15.75	1	15.54	1	0.21
第一车道后退						
1	2.5	16.25	1	15.54	1.5	0.71
2	2	15.25	1	14.43	1	0.82
3	1.75	12	1	13.32	0.75	−1.32
…	…	…	…	…	…	…
13	2	2	1	2.22	1	−0.22
14	1.5	2	1	1.11	0.5	0.89
15	0	0.5	1	0	−1	0.5
第二车道前进						
1	4.25	1	3.1	0	1.15	1
2	4.25	0	3.1	1.11	1.15	−1.11
3	3.75	0.25	3.1	2.22	0.65	−1.97
…	…	…	…	…	…	…
13	4	13	3.1	13.32	0.9	−0.32
14	3.75	13.5	3.1	14.43	0.65	−0.93
15	2	14.75	3.1	15.54	−1.1	−0.79
第二车道后退						
1	2	14.5	3.1	15.54	−1.1	−1.04
2	1.75	12.75	3.1	14.43	−1.35	−1.68
3	4	12.75	3.1	13.32	0.9	−0.57
…	…	…	…	…	…	…
13	3.5	0.75	3.1	2.22	0.4	−1.47
14	4	0.75	3.1	1.11	0.9	−0.36
15	4.25	2	3.1	0	1.15	2

续表

测点序号	上位机测试坐标值		实际坐标值		测试与实际偏差	
	X	Y	X	Y	X	Y
第三车道前进						
1	6	1	5.2	0	0.8	1
2	6.25	0	5.2	1.11	1.05	−1.11
3	4.5	2	5.2	2.22	−0.7	−0.22
…	…	…	…	…	…	…
13	4	14	5.2	13.32	−1.2	0.68
14	4	14.25	5.2	14.43	−1.2	−0.18
15	5.25	14.25	5.2	15.54	0.05	−1.29
第三车道后退						
1	5.75	17	5.2	15.54	0.55	1.46
2	5.5	15	5.2	14.43	0.3	0.57
3	6.25	12.75	5.2	13.32	1.05	−0.57
…	…	…	…	…	…	…
13	4.75	2	5.2	2.22	−0.45	−0.22
14	6.25	2	5.2	1.11	1.05	0.89
15	6	0.5	5.2	0	0.8	0.5
第四车道前进						
1	6.25	0.5	7.3	0	−1.05	0.5
2	6.75	2	7.3	1.11	−0.55	0.89
3	8.25	3	7.3	2.22	0.95	0.78
…	…	…	…	…	…	…
13	8.25	14.75	7.3	13.32	0.95	1.43
14	8.25	15	7.3	14.43	0.95	0.57
15	7	17	7.3	15.54	−0.3	1.46
第四车道后退						
1	8	17	7.3	15.54	0.7	1.46

续表

测点序号	上位机测试坐标值		实际坐标值		测试与实际偏差	
	X	Y	X	Y	X	Y
2	8.25	16	7.3	14.43	0.95	1.57
3	6.25	12.5	7.3	13.32	−1.05	−0.82
…	…	…	…	…	…	…
13	6.25	2	7.3	2.22	−1.05	−0.22
14	6.5	2	7.3	1.11	−0.8	0.89
15	7.75	1	7.3	0	0.45	1

3. 参考节点间距试验 3

参考节点间距试验 3 是参考节点纵向间隔 15 m 的试验。试验数据见表 6-9。

表 6-9　纵向参考节点间隔 15 m 试验结果　　　单位：m

序号	上位机测试坐标值		实际坐标值		测试与实际偏差	
	X	Y	X	Y	X	Y
第一车道前进						
1	0	2	1	0	−1	2
2	2.25	0	1	1.11	1.25	−1.11
3	0.25	0.5	1	2.22	−0.75	−1.72
…	…	…	…	…	…	…
13	2	11.5	1	13.32	1	−1.82
14	2.5	16.25	1	14.43	1.5	1.82
15	3.5	17	1	15.54	2.5	1.46
第一车道后退						
1	2.25	17.5	1	15.54	1.25	1.96
2	2	16.75	1	14.43	1	2.32
3	1	11.5	1	13.32	0	−1.82
…	…	…	…	…	…	…

续表

序号	上位机测试坐标值		实际坐标值		测试与实际偏差	
	X	Y	X	Y	X	Y
13	3	4.25	1	2.22	2	2.03
14	2.5	3.25	1	1.11	1.5	2.14
15	0	1.25	1	0	−1	1.25
第二车道前进						
1	0.5	0.75	3.1	0	−2.6	0.75
2	1.5	2.75	3.1	1.11	−1.6	1.64
3	2.25	0.25	3.1	2.22	−0.85	−1.97
…	…	…	…	…	…	…
13	3.75	16.5	3.1	13.32	0.65	3.18
14	4.25	16.5	3.1	14.43	1.15	2.07
15	1.75	17.5	3.1	15.54	−1.35	1.96
第二车道后退						
1	2.25	17	3.1	15.54	−0.85	1.46
2	1.75	15.25	3.1	14.43	−1.35	0.82
3	1.5	12.25	3.1	13.32	−1.6	−1.07
…	…	…	…	…	…	…
13	1.75	4.25	3.1	2.22	−1.35	2.03
14	2	3.75	3.1	1.11	−1.1	2.64
15	1.75	3	3.1	0	−1.35	3
第三车道前进						
1	5.75	0	5.2	0	0.55	0
2	3.75	2.25	5.2	1.11	−1.45	1.14
3	3.25	4.25	5.2	2.22	−1.95	2.03
…	…	…	…	…	…	…
13	8	10.25	5.2	13.32	2.8	−3.07
14	5	11.5	5.2	14.43	−0.2	−2.93

续表

序号	上位机测试坐标值		实际坐标值		测试与实际偏差	
	X	Y	X	Y	X	Y
15	6.5	13.25	5.2	15.54	1.3	−2.29
第三车道后退						
1	3.25	14	5.2	15.54	−1.95	−1.54
2	3.75	15.25	5.2	14.43	−1.45	0.82
3	6	11.5	5.2	13.32	0.8	−1.82
…	…	…	…	…	…	…
13	7.75	3.5	5.2	2.22	2.55	1.28
14	2.75	3.5	5.2	1.11	−2.45	2.39
15	6.25	3	5.2	0	1.05	3
第四车道前进						
1	8.75	1.75	7.3	0	1.45	1.75
2	8.5	4.25	7.3	1.11	1.2	3.14
3	10	4	7.3	2.22	2.7	1.78
…	…	…	…	…	…	…
13	5.5	10.5	7.3	13.32	−1.8	−2.82
14	8	12.5	7.3	14.43	0.7	−1.93
15	9	17.75	7.3	15.54	1.7	2.21
第四车道后退						
1	5.25	17	7.3	15.54	−2.05	1.46
2	5.75	16	7.3	14.43	−1.55	1.57
3	5.75	12.25	7.3	13.32	−1.55	−1.07
…	…	…	…	…	…	…
13	8.75	4.25	7.3	2.22	1.45	2.03
14	7	3.5	7.3	1.11	−0.3	2.39
15	9	2.25	7.3	0	1.7	2.25

6.3.4.3 试验结果分析

1. 摊铺机前进/后退工况下横向定位误差分析

综合分析上述试验数据,求出参考节点纵向间隔分别为 5 m、10 m 和 15 m 时,摊铺机在 1~4 车道前进过程中,移动节点横坐标测量值与实际值误差的均值,作出摊铺机前进工况时,参考节点不同纵向间隔对不同车道横向定位误差的关系曲线如图 6-19 所示。同理,假设停止摊铺后作出后退工况下参考节点不同纵向间隔对不同车道横向定位误差的关系曲线如图 6-20 所示。

由图 6-19 与图 6-20 分析可知,摊铺机前进和后退时,横向定位误差大小和变化规律都大体一致。这说明摊铺机前进和后退工况,对横向定位误差影响很小,可以不考虑。同时,横向定位误差都随参考节点纵向间隔增大而增大。并由上述摊铺机轨迹的横向定位算法研究可知,当连续 3 个位置横向误差大于 1 m 时,判定摊铺机进行了车道变换。所以,摊铺机横向定位误差不能大于 1 m,在参考节点纵向间隔为 10 m 时,各车道的横向定位误差都在 1 m 以内。因此,参考节点不同纵向间隔时,从各车道横向定位误差大小考虑,初步确定参考节点纵向间隔不能大于 10 m。

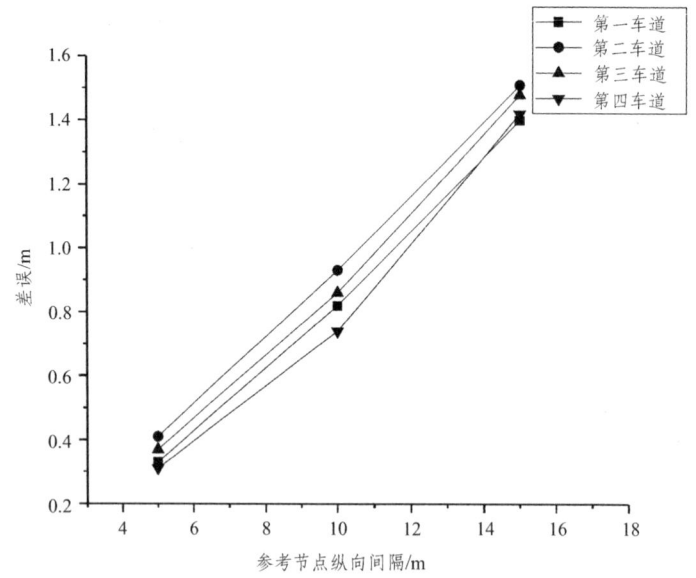

图 6-19 摊铺机前进时各车道横向误差对比

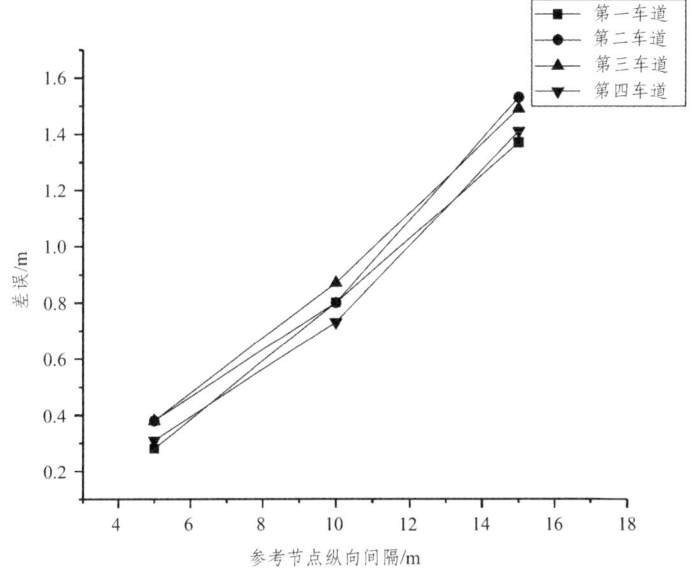

图 6-20 摊铺机后退时各车道横向误差对比

2. 摊铺机前进/后退工况下纵向定位误差分析

分析参考节点纵向间隔分别为 5 m、10 m 和 15 m 时,摊铺机在 1~4 车道前进或后退过程中,移动节点纵向定位误差的变化情况。求出该情况下,摊铺机前进时,移动节点纵坐标测量值与实际值误差的均值,作出摊铺机前进工况时,参考节点不同纵向间隔对不同车道纵向定位误差的关系曲线如图 6-21 所示;同理,作出后退工况下参考节点不同纵向间隔对不同车道纵向定位误差的关系曲线如图 6-22 所示。

由图 6-21 与图 6-22 分析可知,摊铺机前进和后退时,纵向定位误差大小和变化规律都大体一致。这说明摊铺机前进和后退工况,对纵向定位误差影响很小,可以不考虑。结合之前分析得出,摊铺机前进和后退工况时对横向定位误差影响很小,因此,可以得出摊铺机前进或后退工况对定位精度无影响。

同时,纵向定位误差也都随参考节点纵向间隔增大而增大。由上述分析,从横向定位误差大小考虑,参考节点纵向间隔不能大于 10 m。当参考节点纵向间隔小于 10 m 时,纵向定位误差也在 1 m 以内。因此,参考节点纵向间隔小于 10 m 时,满足摊铺机在各车道时的定位要求。

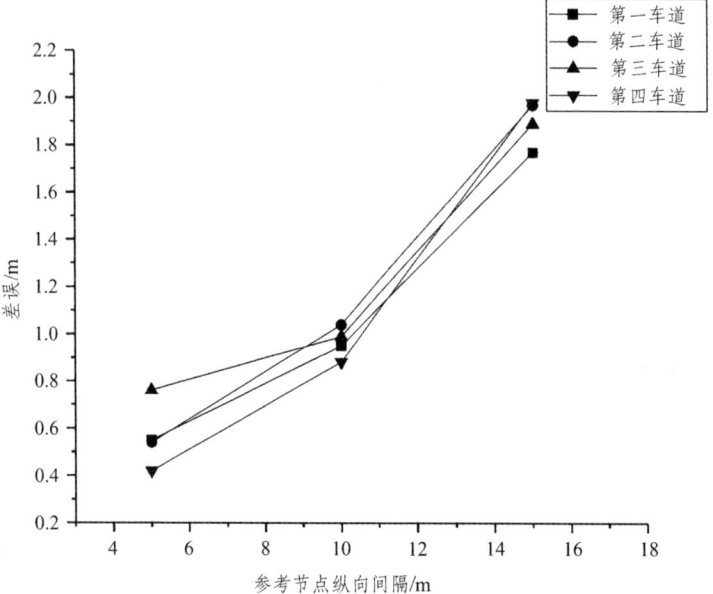

图 6-21 摊铺机前进时各车道纵向误差对比

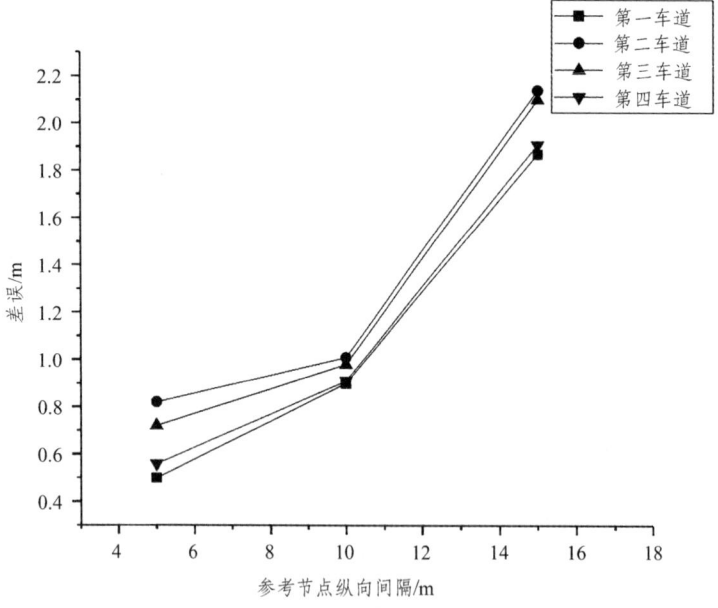

图 6-22 摊铺机后退时各车道纵向误差对比

3. 摊铺机前进和后退综合工况下横向/纵向定位误差分析

为验证上述分析得出摊铺机定位精度与前进或后退工况无关的结论,现将不同间隔下,各车道摊铺机前进和后退的定位误差放在一起分析,求出参考节点纵向间隔分别为 5 m、10 m 和 15 m 时,摊铺机在各车道前进和后退过程中,移动节点横坐标测量值与实际值误差的均值,作出参考节点不同纵向间隔对不同车道横向定位误差的关系曲线如图 6-23 所示;同理,作出参考节点不同纵向间隔对不同车道纵向定位误差的关系曲线如图 6-24 所示。

由图 6-23 和图 6-24 分析可知,摊铺机在前进和后退时,横向和纵向定位误差大小和变化趋势与把前进和后退分开研究的结果几乎一致。从而,验证了摊铺机定位精度与前进或后退工况无关的结论。

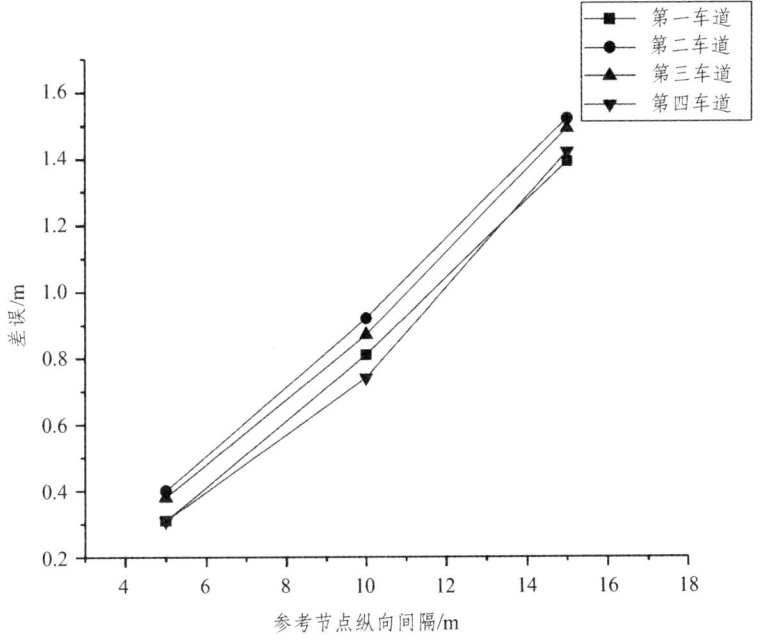

图 6-23 摊铺机前进和后退时各车道横向误差对比

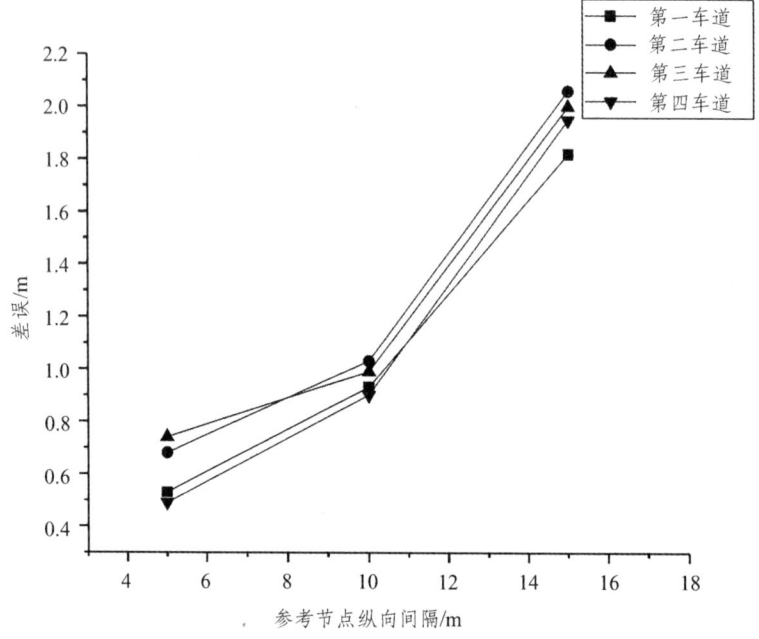

图 6-24 摊铺机前进和后退时各车道纵向误差对比

4. 各车道横向/纵向定位误差分析

为了分析参考节点不同纵向间隔下，定位误差大小与车道数的关系，计算出不同间距下各车道的横向和纵向定位误差均值，作出参考节点不同纵向间隔下车道数对横向定位误差的关系曲线如图 6-25 所示；同理，作出参考节点不同纵向间隔下不同车道数对纵向定位误差的关系曲线如图 6-26 所示。

由图 6-25 和图 6-26 分析可知，参考节点不同纵向间隔下各车道的横向和纵向定位误差变化趋势都大致一样。参考节点的纵向间隔在从 5 m 增加到 15 m 这一过程中，同一车道的横向和纵向定位误差也随之增大，增幅在 1.08~1.38 m 这个范围；当间隔距离由 10 m 变为 15 m 时，定位误差的增大明显，是间隔距离从 5 m 变为 10 m 时的两倍多，说明参考节点纵向间隔大于 10 m 以后，参考节点间隔距离对定位误差的影响特别大；当参考节点间隔相同时，中间两车道的定位误差大于路面两侧车道的定位误差，最大相差 0.25 m，分析其原因为参考节点是布置在路面两侧的，当移动节点在中间两车道时与参考节点的横向距离大于在

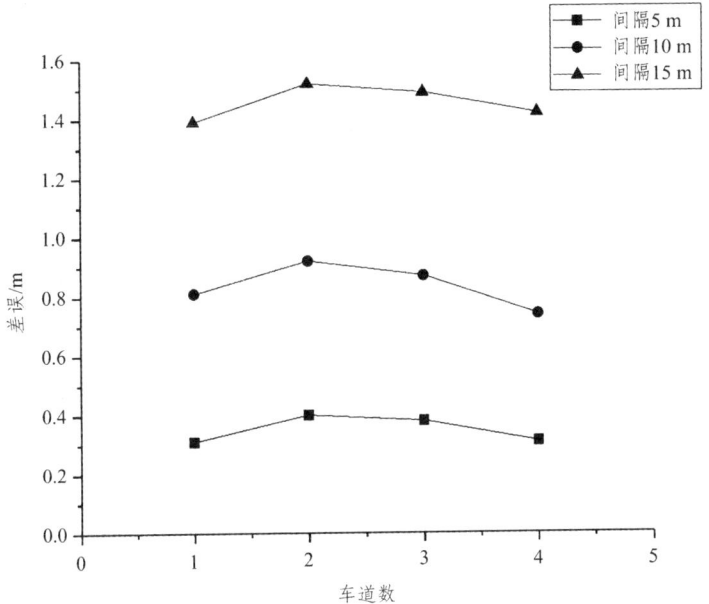

图 6-25　参考节点不同纵向间隔下各车道横向误差

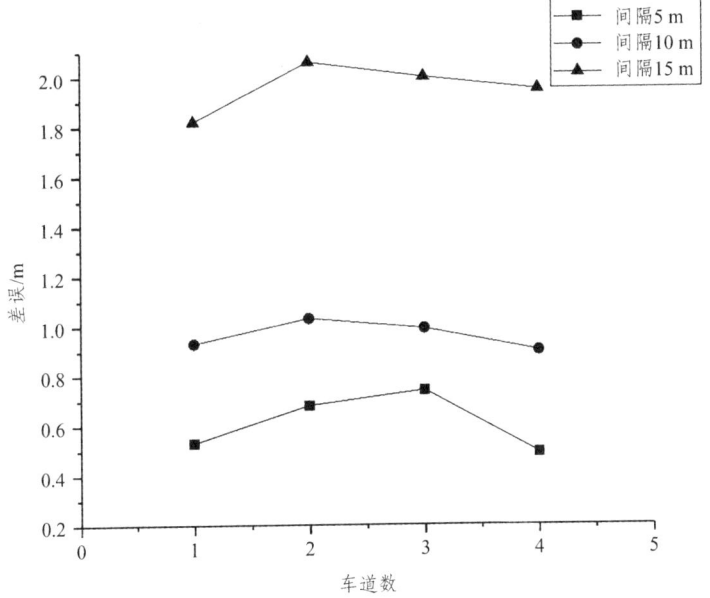

图 6-26　参考节点不同纵向间隔下各车道纵向误差

两侧车道时的距离，这符合距离参考节点越远，误差越大的现象。从另一个角度来看，中间两个车道的定位误差满足隧道内沥青路面摊铺机轨迹定位系统的要求，所以参考节点布置在路面两侧间隔 8.5 m 是可行的。

5. 横向/纵向定位误差综合分析

上述试验数据的分析都是部分研究的，所以需要进行整体分析验证上述结论。对 3 组试验的横纵坐标测试值与实际坐标值偏差取平均值，作出参考节点不同纵向间隔对横纵坐标定位误差的关系曲线如图 6-27 所示。

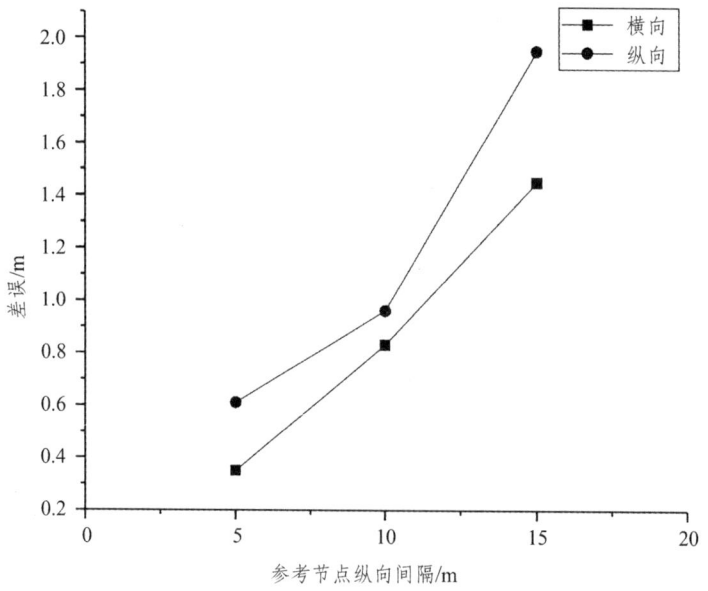

图 6-27　参考节点不同纵向间隔定位误差均值

对比分析图 6-17 和图 6-27 可知：在参考节点纵向间隔都是 5 m 的情况下，参考节点数由 3 个变为 8 个时，横纵定位误差变化范围分别为 1.13 ~ 0.33 m（相差 0.8 m）和 1.08 ~ 0.54 m（相差 0.54 m）；而在都用 8 个参考节点计算移动节点的情况下，参考节点纵向间隔由 5 m 变为 8 m 时，横纵定位误差变化范围分别为 0.35 ~ 1.45 m（相差 1.1 m）和 0.61 ~ 1.95 m（相差 1.34 m）。可以看出参考节点的间隔对定位是主要影响因素，应重点考虑参考节点纵向间隔的选取。

由图 6-27 可知，随着参考节点的纵向间隔增大，横向和纵向的定位误差都随之增加。并且可以看出参考节点纵向间隔小于 10 m 时，横向和纵向定位误差都小于 1 m，这也与上述部分试验数据分析得出的结论相同。再根据 6.3.2 小节中横向定位算法的研究，只有连续 3 个测量点横坐标都偏差半个摊铺机车道时（1 m 以上），才判定摊铺机进行了变道，定位误差在 1 m 以内都能满足定位要求。因此，从定位精度和经济成本两方面考虑，本定位系统参考节点的布置方式为路面两侧对称布置，且参考节点纵向间隔取定为 10 m，这种布置方式可以满足隧道内沥青路面摊铺机轨迹定位系统对摊铺机定位精度的要求。

6.3.5 不同定位计算方法对定位精度的影响分析

6.3.5.1 计算方法和试验数据的选取

根据上一小节试验数据的计算和分析比较，得出选用 5 个参考节点计算移动节点坐标值能满足隧道内沥青路面摊铺机轨迹定位系统的定位要求的结论。本节从定位计算方法的角度考虑，探究从计算方法上进一步提高摊铺机定位精度的措施。本节的试验方法和步骤与 6.3.4 节相同，故采用上述试验数据。

本书定义算法 1 均值是把参考节点数目试验 1（下面简称试验 1）和参考节点数目试验 2（下面简称试验 2）中相同测点测试坐标值求均值，然后再求出均值与实际坐标值的偏差；算法 2 均值是把试验 1、试验 2 和参考节点数目试验 3（下面简称试验 3）中相同测点测试坐标值求均值，然后再求出均值与实际坐标值的偏差；同理可得算法 3、4、5 和 6。因此，不同算法均值计算公式如下：

$$\begin{cases} \dfrac{x_{1i}+x_{2i}+\cdots+x_{ni}}{n}-X_{ni}=a_{ni} \\ \dfrac{y_{1i}+y_{2i}+\cdots+y_{ni}}{n}-Y_{ni}=b_{ni} \end{cases} \quad (6\text{-}3)$$

式中：x_{ni}、y_{ni} 为 6.3.3 节中 10 组试验 n 第 i 测点的横/纵坐标均值；X_{ni}、Y_{ni} 为 6.3.3 节中试验 n 第 i 测点的实际横/纵坐标；a_{ni}、b_{ni} 为算法（$n-1$）中第 i 测点横/纵坐标均值与实际值的偏差。

同时，定义算法期望值的概念。算法 1 期望值是先通过大量的试验确定在 5 m×5 m 区域内，定位误差为 0.25 m、0.5 m、0.75 m 和 1 m 的概率，然后求出试验 1 和试验 2 同一个测点的数学期望。所以，不同算法期望值计算公式如下：

$$\begin{cases} a_{ni} = E(x_{ni}) - X_{ni} = x_{11}P(x_{11}) + x_{21}P(x_{21}) + \cdots + x_{mi}P(x_{mi}) - X_{ni} \\ b_{ni} = E(y_{ni}) - Y_{ni} = y_{11}P(y_{11}) + y_{21}P(y_{21}) + \cdots + y_{mi}P(y_{mi}) - Y_{ni} \end{cases} \quad (6\text{-}4)$$

式中：x_{mi}、y_{mi} 为算法 n 第 i 测点测量的第 m 个不同横/纵坐标值；$P(x_{mi})$、$P(y_{mi})$ 为算法 n 第 i 测点测量的第 m 个不同横/纵坐标值的概率；$E(x_{ni})$、$E(y_{ni})$ 为算法 n 第 i 测点横/纵坐标的期望值；X_{ni}、Y_{ni} 为算法 n 第 i 测点的实际横/纵坐标；a_{ni}、b_{ni} 为算法 n 中第 i 测点横/纵坐标期望值与实际值的偏差。

6.3.5.2 不同计算方法的计算结果

通过上述计算公式，算法 1 均值偏差与算法 1 期望值偏差见表 6-10。

表 6-10　算法 1 均值/期望值与实际值的偏差　　　　单位：m

测点序号	实际坐标值		算法 1 均值偏差		算法 1 期望值偏差	
	X	Y	X	Y	X	Y
1	2.5	0	−0.8	1.03	−1.2	1.23
2	2.5	1	−0.55	0.78	−0.75	1.01
3	2.5	2	−0.3	−0.12	−0.88	−0.54
4	2.5	3	0.55	−0.52	0.79	−0.74
5	2.5	4	−0.8	0.25	−1.09	0.35
6	2.5	5	0.55	−0.65	0.81	−0.74

通过上述计算公式，算法 2 均值偏差与算法 2 期望值偏差见表 6-11。

表 6-11　算法 2 均值/期望值与实际值的偏差　　　　单位：m

测点序号	实际坐标值		算法 2 均值偏差		算法 2 期望值偏差	
	X	Y	X	Y	X	Y
1	2.5	0	−0.23	0.62	−0.92	0.92
2	2.5	1	−0.36	0.29	−0.59	0.62
3	2.5	2	−0.25	−0.25	−0.35	−0.45
4	2.5	3	0.39	−0.47	0.75	−0.74
5	2.5	4	−0.35	−0.08	−0.83	−0.35
6	2.5	5	0.27	−0.42	0.62	−0.75

通过上述计算公式,算法3均值偏差与算法3期望值偏差见表6-12。

表 6-12　算法 3 均值/期望值与实际值的偏差　　　　单位：m

测点序号	实际坐标值		算法 3 均值偏差		算法 3 期望值偏差	
	X	Y	X	Y	X	Y
1	2.5	0	−0.55	0.51	−0.91	0.85
2	2.5	1	−0.18	0.13	−0.42	0.32
3	2.5	2	−0.06	−0.31	−0.23	−0.45
4	2.5	3	0.36	−0.31	0.60	−0.45
5	2.5	4	−0.35	−0.25	−0.75	−0.35
6	2.5	5	0.31	−0.42	0.62	−0.81

通过上述计算公式,算法4均值偏差与算法4期望值偏差见表6-13。

表 6-13　算法 4 均值/期望值与实际值的偏差　　　　单位：m

测点序号	实际坐标值		算法 4 均值偏差		算法 4 期望值偏差	
	X	Y	X	Y	X	Y
1	2.5	0	−0.31	0.65	−0.52	0.66
2	2.5	1	−0.35	0	−0.4	0.12
3	2.5	2	−0.05	−0.1	−0.21	−0.2
4	2.5	3	0.35	−0.1	0.38	−0.2
5	2.5	4	−0.35	−0.1	−0.61	−0.19
6	2.5	5	0.29	−0.65	0.5	−0.7

通过上述计算公式,算法5均值偏差与算法5期望值偏差见表6-14。

表 6-14　算法 5 均值/期望值与实际值的偏差　　　　单位：m

测点序号	实际坐标值		算法 5 均值偏差		算法 5 期望值偏差	
	X	Y	X	Y	X	Y
1	2.5	0	−0.33	0.67	−0.35	0.71
2	2.5	1	−0.21	0.08	−0.31	0.18
3	2.5	2	0.00	−0.17	0.16	−0.21
4	2.5	3	0.21	−0.17	0.29	−0.21
5	2.5	4	−0.50	−0.04	−0.56	−0.14
6	2.5	5	0.42	−0.67	0.51	−0.69

6.3.5.3 计算结果的对比分析

分析对比不同算法均值和期望值与实际坐标值的偏差情况,从偏差的均值和每个测点的情况来看,发现不同算法均值与实际坐标值的偏差都要小于不同算法的期望值,说明不同算法均值的效果优于不同算法期望值。因此,对不同算法均值进一步研究,探究哪种算法的均值偏差最小。

把 6 个测点的算法 1 均值与实际值偏差再求平均,同理,依次求出其他 4 种算法均值偏差的平均。结合图 6-17,作出不同算法和不同参考节点数对定位误差关系变化如图 6-28 所示。

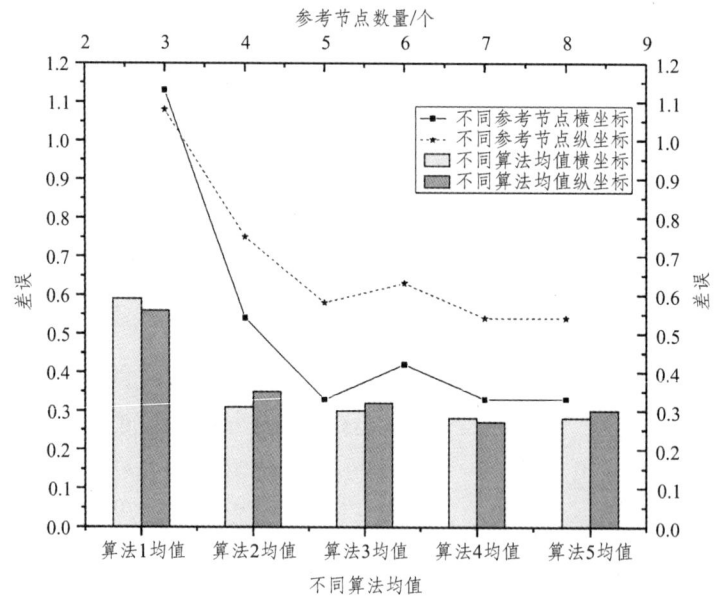

图 6-28 不同算法和不同参考节点下定位误差对比图

由图 6-28 分析可知,从算法 1 均值到算法 2 均值横/纵坐标定位误差均明显较小,算法 2 均值到算法 5 均值横/纵坐标定位误差变化不大(0.25 m 以内)。说明算法 2 均值以后横/纵坐标定位误差趋于稳定,定位误差随算法的改变不再有明显改变。算法 2 均值到算法 5 均值横/纵坐标定位误差都在 0.3 m 左右,基于用最少参考节点数计算出满足要求的移动节点坐标值的考虑,选用算法 2 对移动节点坐标值进行进一步优化。

对比分析不同定位算法计算出的定位误差与原定位误差可知,通过定位算法计算出的定位误差明显小于原定位误差。算法 2 均值利用 5 个参考节点信息计算出的移动节点横/纵坐标值误差分别为 0.31 m 和 0.35 m, 而只利用 5 个参考节点计算出的移动节点横/纵坐标值误差分别为 0.33 m 和 0.58 m, 可以看出横/纵坐标定位误差分别减小 6%和 40%, 说明利用定位算法提高定位精度的效果很明显; 把通过算法 2 均值利用 5 个参考节点信息计算出的结果与只利用 8 个参考节点计算出的结果进行比较, 只用 8 个参考节点计算出的移动节点横/纵坐标值误差分别为 0.33 m 和 0.54 m, 可以看出它们虽然横坐标误差基本一致, 但纵坐标定位误差有明显改善, 减小了 35.2%, 说明算法 2 均值利用 5 个参考节点信息计算出的移动节点坐标值精度能达到 8 个参考节点的效果。因此, 计算移动节点坐标值时, 仍然用 5 个参考节点进行计算, 但要利用算法 2 均值对计算出的移动节点坐标值作进一步优化。

6.4 本章小结

通过 ZigBee 定位系统进行硬件和软件设计, 对摊铺机行驶轨迹的横向和纵向定位算法进行研究, 确定了摊铺机横向变道判定公式; 从参考节点数、参考节点间距和不同定位算法三个方面分析对定位精度的影响, 利用不同参考节点数试验, 得到不同参考节点数对横/纵坐标定位误差的关系曲线, 结果表明利用 5 个参考节点的信息计算移动节点坐标值最合适; 利用不同参考节点间距试验, 得到摊铺机各工况下参考节点不同纵向间隔对不同车道横/纵向定位误差的关系曲线和参考节点不同纵向间隔下不同车道数对横/纵向定位误差的关系曲线, 结果表明参考节点横向和纵向间隔分别取定为 8.5 m 和 10 m 最合适; 利用不同定位计算方法对定位精度的影响分析, 得到不同定位计算方法下定位误差的变化图, 结果表明选用算法 2 均值对移动节点坐标值优化有明显效果, 相比不用定位算法的横/纵定位误差分别减少了 6%和 40%, 而且利用定位算法优化后 5 个参考节点计算能达到采用 8 个参考节点计算的精度水平。综合 3 个试验结果, 确定了参考节点横向和纵向间隔分别为 8.5 m 和 10 m 的布置方式, 设定了移动节点坐标值用 5 个参考节点信息进行计算, 再用算法 2 均值的定位计算方式对计算出的移动节点坐标值作进一步优化的计算流程。

最后, 对摊铺机碾压遍数计算方式进行研究, 确定了碾压遍数计数方式; 并完成了摊铺机碾压轨迹的实时显示与绘制。

7 沥青混合料摊铺均匀性快速检测评价系统及现场实测

本书基于图像实时采集技术、无线传输技术、GPS 定位技术开发了沥青混合料摊铺均匀性快速评价系统,并依托工程实际进行现场试验,对摊铺沥青混合料的均匀性进行快速评价及检测,实现沥青路面摊铺过程中沥青混合料均匀性的快速检测与评价,并根据均匀性评价结果及时指导施工。

7.1 沥青混合料摊铺均匀性快速评价系统

7.1.1 系统结构框架

为了能够实现对摊铺沥青混合料均匀性进行实时快速的评价,并将采集的图像与对应均匀性评价结果进行实时传输、数据存储、及时预警,本书开发出沥青混合料摊铺均匀性快速检测评价系统。系统开发结构如下:

(1)在沥青混合料摊铺过程中通过图像采集模块对摊铺沥青混合料进行实时采集。

(2)通过 GPS 定位模块,对采集图像对应的位置进行标定,便于后续进行相应的处理。

(3)通过 4G 网络对采集到的图像与相应的数据进行传输,至远程处理服务器中对摊铺均匀性进行评价,并返回数据。

(4)通过摊铺均匀性快速评价系统软件界面对结果进行实时显示。

(5)基于系统评价结果,针对现场实际情况进行相应的处理与施工调整。

图 7-1 所示为沥青路面摊铺均匀性快速检测评价系统的结构框架。

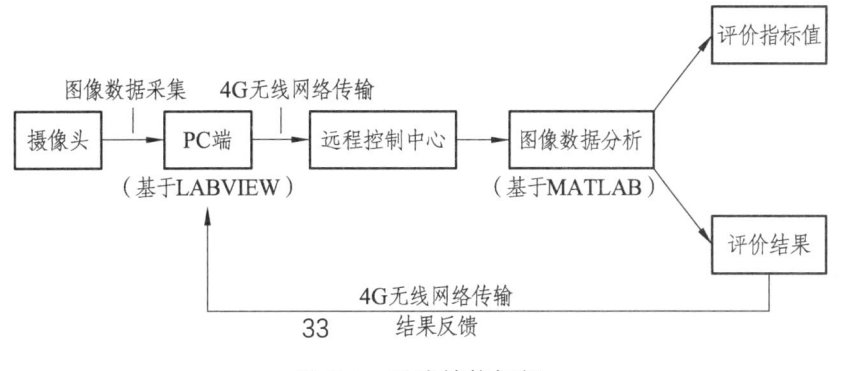

图 7-1 系统结构框架

7.1.2 软件系统设计

本书通过 MATLAB 软件进行摊铺沥青混合料图像预处理及均匀性评价算法的代码编程,并通过 Labview 软件实现沥青混合料均匀性的快速评价软件的开发,实现摊铺沥青混合料数字图像处理结果与均匀性评价结果的实时显示,对沥青混合料离析程度进行实时评价,方便现场工作人员根据评价结果及时制定现场施工调整方案。通过 Labview 软件对系统软件界面和后台程序流程框图进行开发设计,软件设计以简洁明了、方便现场进行参数调整为原则。

7.1.2.1 软件前面板显示设计

根据前述关于系统软件开发要求及条件,探索出了能够有效读取及处理图像数据的软件。该软件界面能够直接显示输入信息及处理结果,使得用户能够直接提取有效信息,进行分析与评价。系统的前面板界面如图 7-2 所示。

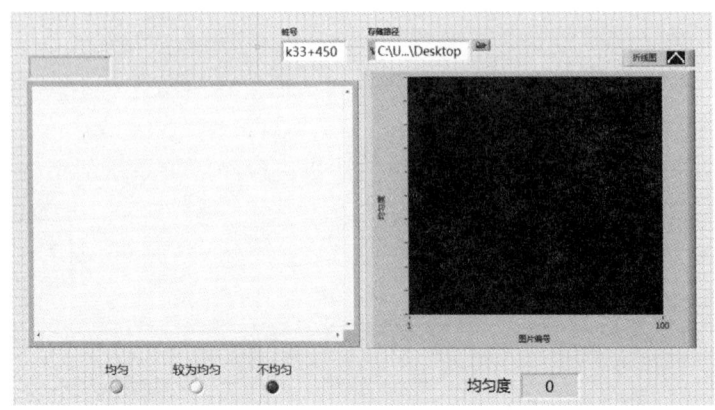

图 7-2　前面板设计

软件系统的前面板为结果显示界面，主要由两部分组成。软件界面左侧为摊铺沥青混合料预处理图像显示控件，在对沥青混合料进行均匀性实时监测过程中，可以实时地对沥青混合料图像进行显示。软件界面右侧为摊铺均匀性评价结果实时显示区域，对预处理后摊铺沥青混合料图像进行均匀性评价后，加权静矩离异系数 C_v 的结果可以在此区域实时显示。

软件界面还包括均匀性评价结果预警灯：当检测区域均匀性满足要求时，软件界面绿色灯亮起；当均匀性评价结果为轻微离析时，软件界面中黄灯亮起；当沥青混合料发生中等离析和严重离析时，软件界面中红色灯将会亮起。

另外，软件将会通过 GPS 定位与初始桩号里程设置对实时的里程桩号进行显示，并可以实现对评价结果的数据存储。

7.1.2.2　程序框图设计

程序框图设计在前面板的设计与 Labview 中是相互对应的。在程序框图的设计中，应注意要保持框图逻辑明确、结构简单、多使用局部变量，同时应注意出现多线段交错、难以理解的 VI 框图，便于程序的修改与后期维护。

通过 Labview 软件对软件系统的程序框图进行设计，可以实现系统中不同模块的配合运行、程序代码的调整以及现场施工参数的调整。沥青混合料摊铺均匀性快速检测评价系统后面板程序框图如图 7-3 所示。

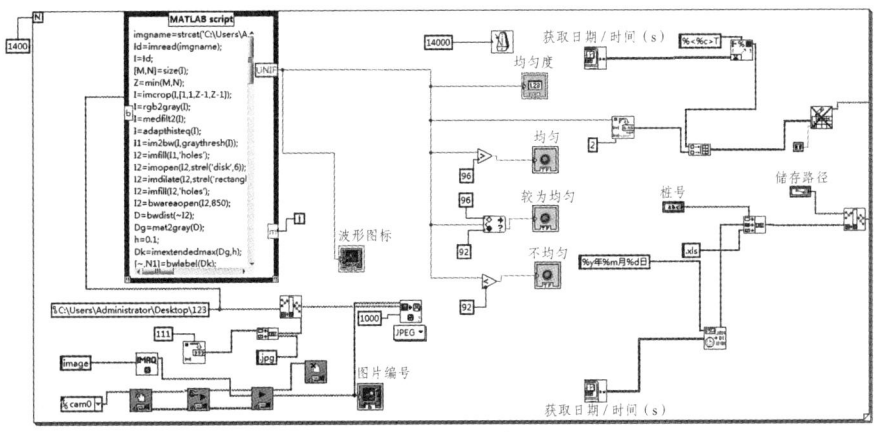

图 7-3　程序框图设计

由图 7-3 可知，沥青混合料摊铺均匀性快速检测评价系统包括图像采集模块、图像处理模块、图像中沥青混合料均匀性评价模块、检测数据的保存模块四部分，不同的模块之间分工明确，实现系统的正常运行。

1. 图像采集框图

均匀性快速评价系统采用 CMOS 感光元件摄像头在 Labview 平台上运用 NI VAS 模块实现对集料图像的实时采集，在一定程度上降低了相关的图像采集成本。堆叠粗集料颗粒图像采集框图如图 7-4 所示。

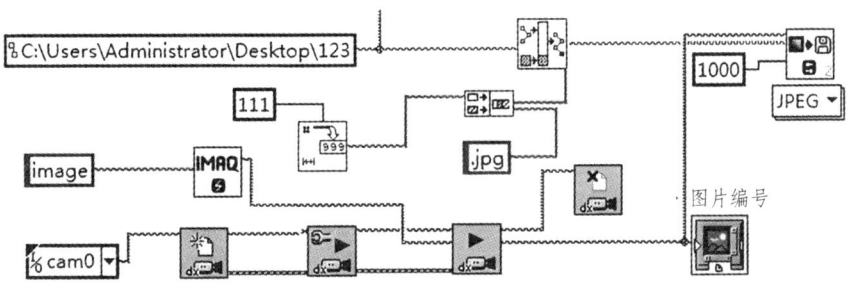

图 7-4　图像采集模块程序框图

2. 图像处理与均匀性评价算法框图

摊铺沥青混合料图像处理和均匀性评价模块，通过 MATLAB 编程语言进行代码实现，并通过在 Labview 软件中直接调用通过 MATLAB 程序编写的 m 文件作为图像处理的核心算法，实现沥青混合料图像的预处理和均匀性评价。该方法实现简单，无须对编程语言进行转换调整，最终在程序软件中实现图像的预处理和均匀性评价结果的显示。图 7-5 为软件系统中图像处理模块后面板框图。

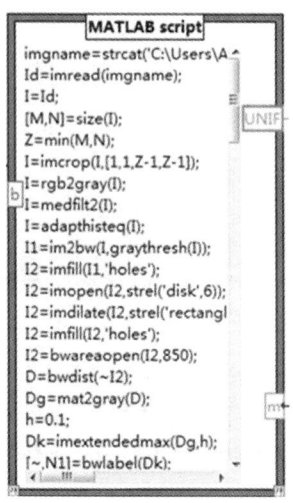

图 7-5　图像预处理模块程序框图

3. 沥青混合料均匀性评价结果显示模块框图

均匀性评价模块后面板程序框图如图 7-6 所示。通过后面板设置对应沥青混合料级配类型的离析评价标准，实现对现场摊铺沥青混合料均匀性评价结果的分级评价。

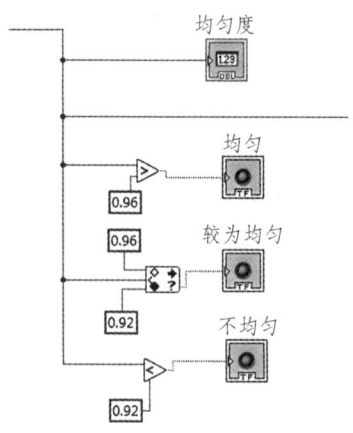

图 7-6　沥青混合料均匀性评价结果显示模块

4. 评价结果存储模块

对摊铺沥青混合料均匀性评价结果进行实时存储,方便后续对数据的查看。对应模块程序框图如图7-7所示。

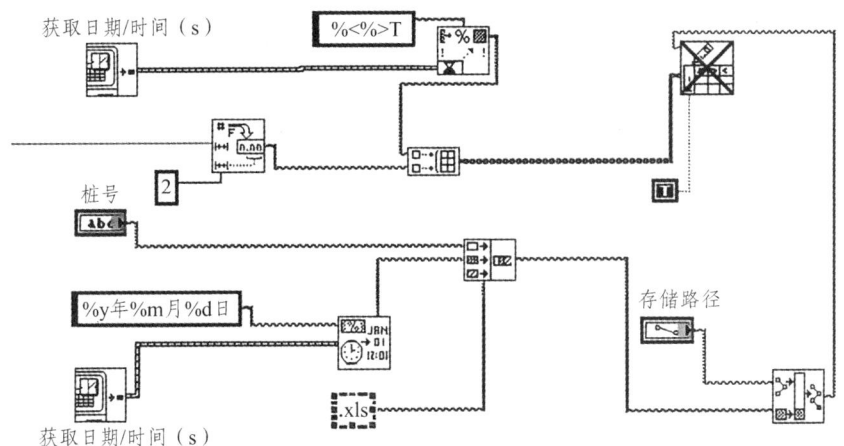

图 7-7 评价结果存储模块框图

7.1.3 系统涉及的相关技术

7.1.3.1 摊铺沥青混合料的实时采集

图像处理及分析的前提是高效获取高质量图片,一切目的与功能实现的基础都是成熟及稳定的实时采集技术。目前,影响图像采集技术的主要因素是成像技术和模数转换(A/D Converter)技术。本书实时采集图像模块综合图像传感器和系统运算处理器两方面考虑进行设备选择。

1. 图像传感器的选择

目前来讲,互补金属氧化物半导体(CMOS)和电荷耦合器件(CCD)是图像传感器的主要两大类。它们的工作原理相似,均是通过将光信号转化为电荷信号这一过程实现逐渐累积的目的,而两者的主要差别在于感光材料的不同。具体来讲,互补金属氧化物半导体的感光元件为金属氧化物材料,而电荷耦合器件的感光元件是单晶材料。两种传感器具体如图7-8和图7-9所示。

图 7-8　CCD 感光元件　　　　　图 7-9　CMOS 感光元件

图中的 CCD 感光元件出现较早，应用较为成熟，但是因自身计算方法的缺陷导致所采集的图像质量较差。而随着电子技术的不断发展，CMOS 感光元件被发明出来，该元件成像速度快，采集质量高，功耗低，得到了广泛应用。

2. 处理器芯片的选择

为了实现采集图像的处理、均匀性评价和数据传输，本书选用 FPGA 芯片作为自动化处理设备。它具有数据宽带比较大、运算速度快、数据处理能力强、可改变器件内部参数等特点，能够实现数据的并行处理，实现对不同复杂图像的处理分析和显示快速分析处理结果。如图 7-10 所示为 Pocket-RIO 产品中的芯片。

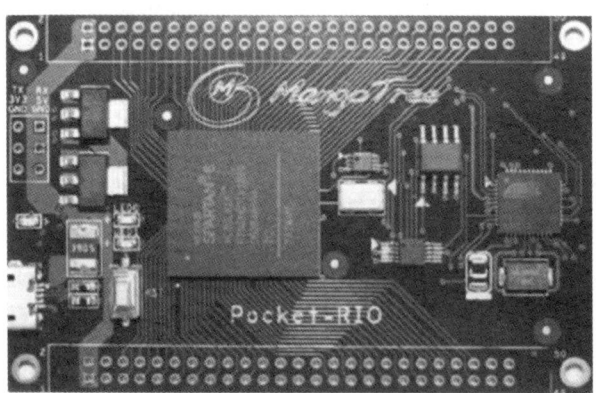

图 7-10　FPGA 芯片

通过上述分析，对摊铺沥青混合数字图像进行实时采集时，要求采集设备能够快速采集图像并且同时将图像传输到 PC 端。综合考虑，在满足图像采集质量和采集速度的前提下，决定采用成像速度快、采集质量高的 COMS 感光元件和 FPGA 芯片分别作为图像传感器、处理器芯片。图 7-11 所示的为实时图像采集系统。

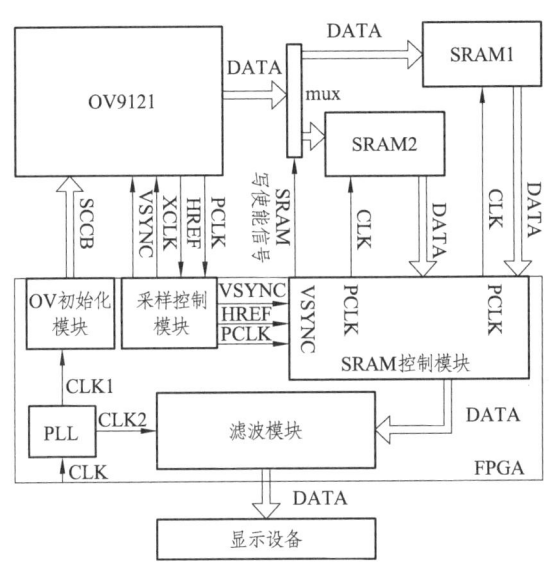

图 7-11　实时图像采集系统

7.1.3.2　数据的无线传输技术

在沥青路面工程建设中，采用有线网络对现场数据进行传输会遇到安装难度大、维护成本高等问题，因此本书采用 4G 网络无线通信技术作为数据传输手段。

目前，我国的 4G 网络覆盖面大，在公路工程建设中，采用 4G 网络对数据进行传输具有较高的可靠性。随着 5G 网络的开发及普及，系统将会引入 5G 传输技术，以提高均匀性系统的运算能力。

7.1.3.3　GPS 定位技术

通过 GPS 全球定位系统，可以实现对摊铺沥青混合料数字图像的准确定位，对后期图像及评价数据的现场处理起着重要的作用。如图 7-12 所示为 GPS 系统。

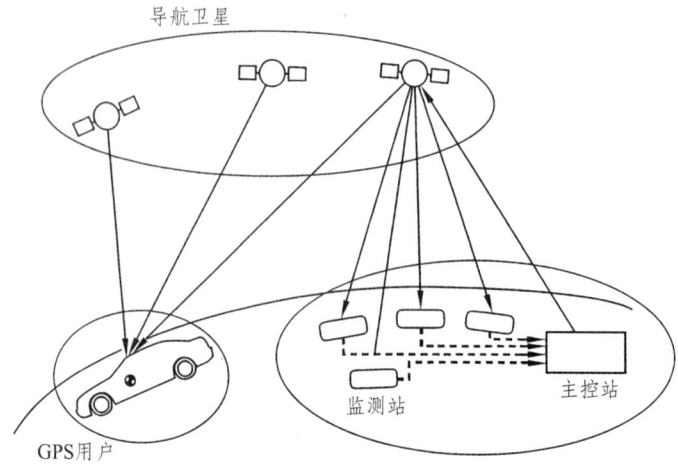

图 7-12 GPS 全球定位系统

7.2 沥青混合料摊铺均匀性现场实测

本书依托云南功东高速公路建设项目,在公路里程 K25+000~K27+500 右幅路段修筑了长度为 2.5 km 的试验路,开展了沥青混合料摊铺均匀性快速连续检测系统进行现场实测。在单幅路面上沿着路基横断面每间隔 2 m 选取 1 个检测点,共计 5 个检测点,即在路面纵向形成 5 条纵向检测线路,如图 7-13。在摊铺机作业过程中,纵向每隔 5 m 对摊铺沥青路面进行图像采集,并分别计算静矩离异系数 C_v。

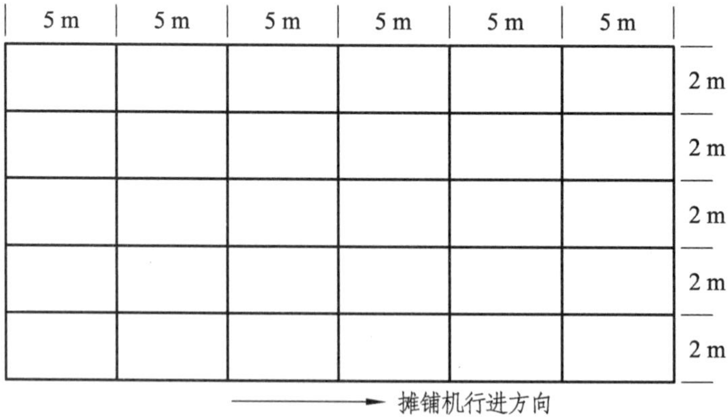

图 7-13 现场试验检测方案示意图

沥青混合料摊铺均匀性快速连续检测系统运行界面如图 7-14 所示。现场试验路段 K25+00~K25+150 下面层 AC-25 沥青混合料摊铺均匀性评价结果见表 7-1。

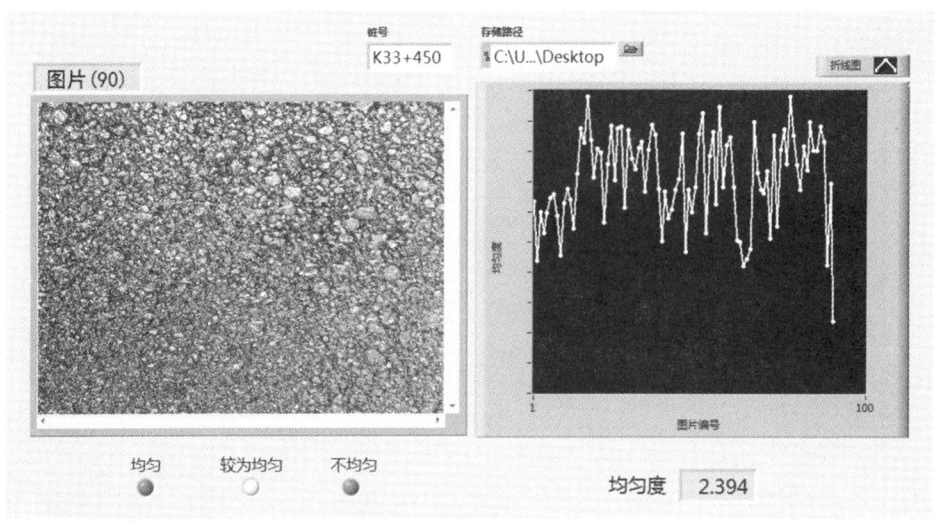

图 7-14 均匀性评价系统运行过程图

表 7-1 试验路段 K25+00~K25+150 下面层 AC-25 沥青混合料摊铺均匀性评价结果

里程桩号	横向测点编号				
	1	2	3	4	5
K25+00	8.40%	5.60%	1.40%	3.90%	7.40%
K25+05	6.40%	4.90%	2.20%	3.50%	4.90%
K25+10	5.30%	2.60%	1.70%	1.90%	6.40%
K25+15	4.20%	2.70%	1.50%	2.20%	3.90%
K25+20	6.60%	5.60%	3.00%	8.60%	6.00%
K25+25	9.40%	6.50%	2.70%	10.40%	7.70%
K25+30	7.20%	7.30%	2.30%	6.90%	6.40%
K25+35	5.60%	6.00%	1.40%	8.80%	13.70%
K25+40	6.60%	5.40%	3.90%	9.80%	8.50%
K25+45	11.30%	8.70%	3.00%	9.20%	8.20%

续表

里程桩号	横向测点编号				
	1	2	3	4	5
K25+50	9.80%	8.20%	5.40%	8.40%	5.10%
K25+55	3.80%	5.10%	8.00%	10.60%	13.00%
K25+60	9.60%	6.00%	2.10%	8.50%	7.30%
K25+65	7.60%	5.60%	3.60%	5.70%	11.10%
K25+70	6.30%	2.30%	1.60%	4.80%	7.30%
K25+75	8.50%	5.60%	4.90%	6.90%	7.50%
K25+80	4.20%	6.20%	2.70%	6.90%	9.10%
K25+85	18.80%	11.30%	5.70%	13.40%	23.50%
K25+90	38.90%	13.20%	11.60%	15.20%	28.50%
K25+95	10.60%	7.50%	3.50%	3.90%	6.70%
K25+100	12.80%	16.10%	2.30%	10.90%	7.60%
K25+105	7.80%	11.90%	5.00%	10.80%	7.10%
K25+110	8.90%	10.40%	2.40%	8.50%	17.60%
K25+115	8.40%	7.90%	3.70%	3.80%	11.10%
K25+120	14.20%	5.40%	4.20%	10.20%	13.30%
K25+125	6.30%	10.30%	5.10%	7.80%	8.80%
K25+130	12.20%	8.90%	7.00%	10.70%	11.80%
K25+135	29.90%	7.90%	9.60%	5.90%	8.70%
K25+140	3.60%	4.10%	2.30%	3.80%	7.90%
K25+145	3.20%	4.30%	2.60%	5.70%	5.30%
K25+150	1.40%	8.60%	6.40%	8.90%	6.70%
平均值	8.40%	7.2%	4.0%	7.6%	9.3%

由表 7-1 可知，试验路段 K25+000~K27+500 横断面中间平均静矩标准差 C_V 为 4.0%，沿路面中心检测点向路两侧平均静矩标准差 C_V 值增加，表明该路段沿横断面，较道路两侧道路中线处摊铺均匀性较好，分析原因为该路段采用一台摊铺机全幅摊铺，粒径较大的集料在重力和

螺旋布料器共同作用下向下滚落，在重力的作用下大粒径的料向下滚落，螺旋分料器内无法同时将均匀的粗细集料输送到路面两侧，从而易产生横向带状离析。因此，本书建议在下面层 AC-25 沥青混合料进行摊铺时，选用窄幅摊铺的技术方案，有助于减少产生横向带状离析。

对试验路段 K25+000~K27+500 下面层 AC-25 沥青混合料均匀性评价结果按照 4.3 节中数字图像摊铺沥青混合料均匀性评价指标进行分级，离析程度分级结果见表 7-2。

表 7-2　试验路段 K25+000~K27+500 摊铺沥青混合料离析程度（AC-25）

离析程度	无离析	轻微离析	中等离析	重度离析
评价标准	<11.4%	11.4%~25%	25%~38%	>38%
样本个数	129	18	2	1
累计百分率	86%	12%	1.3%	0.7%

由表 7-2 试验路段 K25+000~K27+500 摊铺沥青混合料离析程度，绘制饼状图，如图 7-15 所示。

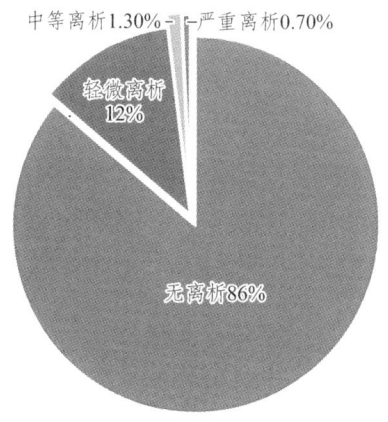

图 7-15　试验路段 K25+000~K27+500 摊铺沥青混合料均匀性评价结果

由图 7-15 可知，从饼状图可以直观地看出，该路段沥青混合料无离析区域占总检测样本数的 86%，轻微离析沥青混合料占总样本数的 12%，中度离析沥青混合料占总样本数的 1.3%，严重离析沥青混合料仅有 1 处测点，占总样本数的 0.7%，结果表明摊铺均匀性较好。

7.3 本章小结

（1）本章运用 MATLAB 图像工具包对摊铺沥青混合料进行图像预处理与均匀性评价，并结合 Labview 软件开发了沥青混合料摊铺均匀性快速检测系统。

（2）依托实体工程，开展了沥青混合料摊铺均匀性快速连续检测系统进行现场实测，通过对现场试验路段摊铺均匀性进行实时检测与评价，试验路段无离析检测点占总测点数量的 86%。结果表明试验路段具有较好的摊铺均匀性，本书开发的沥青混合料摊铺均匀性快速连续检测系统具有较高的工程适用性。

8 绪论与展望

8.1 结 论

沥青混合料的均匀性直接关系到沥青路面的路用性能和使用寿命,是导致沥青路面早期破坏的主要因素之一。本书依托云南省功东高速公路建设项目,基于数字图像处理技术,通过工业相机对摊铺沥青混合料进行采集,提出适用于摊铺沥青混合料的粘连集料预处理与分割技术;基于图像颗粒的四边静矩分析,提出加权分档静矩离异系数的沥青混合料均匀性评价方法及评价标准,并开发沥青混合料摊铺均匀性实时连续检测评价系统,实现沥青路面摊铺过程的均匀性实施评价。主要结论如下:

(1)在试验室对离析沥青混合料级配进行模拟,通过室内马歇尔试验研究离析程度与沥青混合料结构参数的变化规律,并以空隙率变化为指标提出离析评价指标;根据贝雷法确定关键级配区间与不同离析程度沥青混合料空隙率变化进行关联分析,分别研究 AC-13、AC-20、AC-25 不同级配类型沥青混合料对空隙率影响大的级配关键区间。

(2)通过对现场图像样本的实测分析,通过数字图像处理技术对摊铺沥青混合料数字图像进行预处理,并针对摊铺沥青混合料图像处理中粘连颗粒过度分割的问题,提出适用于摊铺沥青混合料数字图像分割方法——基于扩展极大值变换分水岭分割方法;通过对图像中集料颗粒尺寸按照集料筛孔尺寸进行分档,将每一档占集料颗粒总面积的比值与图中相应区域混合料筛分试验级配对比,验证了本书数字图像预处理算法的准确性;考虑光照条件对沥青混合料图像预处理的影响,提出基于 HSI 颜色空间的低照度沥青路面图像亮度增强方法。

（3）基于图像颗粒的四边静矩分析，提出以相对于理想均匀分布的分档加权四边静矩离异系数 C_v 作为摊铺沥青混合料均匀性评价指标，并给出了分档加权四边静矩离异系数 C_v 的计算方法。依托实体工程，对 AC-13、AC-20、AC-25 级配类型摊铺沥青混合料实时数字图像进行了分析，给出了其均匀性评价结果；基于 AC-13、AC-20、AC-25 标准级配混合料的空隙率变化离析评价标准以及铺沙法实测沥青面层表面构造深度并结合构造深度离析评价标准，提出分档加权四边静矩离异系数 C_v 的摊铺沥青混合料均匀性评价标准。

（4）在试验室进行不同离析程度沥青混合料路用性能试验，研究离析沥青混合料路用性能变化与静矩离异系数 C_v 的关系。结果表明：随着均匀性评价指标 C_v 的增加，沥青混合料离析程度增加，沥青混合料的路用性能明显变差，其中发生粗集料严重离析对沥青混合料的路用性能影响更为显著。

（5）通过对 ZigBee 定位系统进行硬件和软件设计，实现了隧道内摊铺机作业的实时监测。利用不同参考节点数试验，得到不同参考节点数对横/纵坐标定位误差的关系曲线；利用不同参考节点间距试验，得到摊铺机各工况下参考节点不同纵向间隔对不同车道横/纵向定位误差的关系曲线和参考节点不同纵向间隔下不同车道数对横/纵向定位误差的关系曲线；通过对定位精度的影响分析，得到不同定位计算方法下定位误差的变化图。通过计算分析和优化，确定了参考节点横向和纵向间隔分别为 8.5 m 和 10 m 的布置方式，设定了移动节点坐标值用 5 个参考节点信息进行计算，再用算法 2 均值的定位计算方式对计算出的移动节点坐标值作进一步优化的计算流程，实现了摊铺机摊铺轨迹的实时显示与绘制。

（6）运用 MATLAB 图像工具包对摊铺沥青混合料进行图像预处理与均匀性评价，结合 Labview 软件开发了沥青混合料摊铺均匀性快速检测系统，并对现场实铺路段进行摊铺均匀性实时实测及评价，验证了系统的适用性及准确性。

8.2 创新点

（1）以混合料集料级配组成与标准级配组成差异及集料颗粒空间位

置分布差异为依据，通过集料颗粒静矩分析，提出以加权分档四边静矩标准差离异系数 C_v 为指标评价沥青混合料的均匀性，给出静矩离异系数 C_v 的算法及计算程序。

（2）提出了与沥青混合料空隙率离析标准及沥青面层构造深度离析标准相一致的能适应路面下、中、上层常用的 AC-25、AC-20、AC-13 三种沥青混合料的数字图像加权分档四边静矩离异系数 C_v 均匀性标准。

（3）提出了基于扩展极大值变换分水岭分割方法解决摊铺沥青混合料数字图像处理中粘连颗粒过度分割的问题，并提出基于 HSI 颜色空间的低照度沥青混合料图像亮度增强方法，使得图像处理后的集料颗粒图像与实际颗粒更为接近。

8.3 展　望

（1）后续研究中需要增加沥青混合料图像样本的采集，基于大量工程实践，规范图像采集标准，对不同参数的采集设备进行对比分析，进行采集设备优选；对特殊工况下，如烟雾环境，机械振动干扰等条件下的适用性；并对不同沥青路面结构进行研究，扩大均匀性算法的适用范围。

（2）本书开发的沥青混合料摊铺均匀性实时检测评价系统仍处于测试阶段，后续研究需根据现场施工条件进行程序优化，基于 5G 技术和云计算技术提高系统的运算能力，推进沥青混合料摊铺均匀性实时检测评价系统的生产转化。

参考文献

[1] 秦雯. 基于颗粒物质特性的路面材料离析过程研究[D]. 西安：长安大学，2011.

[2] 周顺文. 表面离析作为沥青路面验收质量特征指标的研究[D]. 广州：华南理工大学，2010.

[3] 赵毅. 全温域条件下基于叠加原理的沥青路面永久变形预估研究[D]. 重庆：重庆交通大学，2017.

[4] 沙庆林. 高速公路沥青路面早期破坏现象及预防[M]. 2版. 北京：人民交通出版社，2008.

[5] 彭勇. 基于数字图像处理技术沥青混合料均匀性指标研究[D]. 上海：同济大学，2005.

[6] 姜旺恒，李智，张肖宁. 级配离析对沥青混合料抗水损坏能力的影响研究[J]. 公路交通科技，2010，27（2）：10-15.

[7] AIREY G D，COLLOP A C. Mechanical and structural assessment of laboratory- and field-compacted asphalt mixtures[J]. International Journal of Pavement Engineering，2015，17（1）：50-63.

[8] ZHANG W，HUANG X，YANG J，et al. Effect of segregation on rutting resistance of asphalt pavement[J]. Construction & Building Materials，2017，147：525-532.

[9] 于立泽. 数字图像技术在检测沥青混合料离析的应用[D]. 哈尔滨：哈尔滨工业大学，2012.

[10] 张国柄，邱志雄，张相杰，等. 评价沥青路面离析状态的无损检测方法探讨[J]. 中外公路，2006，26（3）：102-104.

[11] 王际好，赫文，颜如玉，等. 沥青路面施工中离析现象的成因及控

制措施[J]. 公路,2016（6）: 62-65.

[12] 张军,王东虎,杨雪玲,等. 粗细集料对沥青混合料均匀性影响研究[J]. 公路,2013（2）: 171-174.

[13] 周志刚,熊奎元,罗根传,等. Sasobit温拌沥青混凝土碾压温度离析研究[J]. 公路交通科技,2016,33（1）: 14-21.

[14] 闫翔宇. 沥青路面施工温度离析评价[J]. 中外公路,2012,32（2）: 82-84.

[15] 叶飞. 路面混合料的离析评价方法研究[D]. 西安:长安大学,2012.

[16] 赵昕,沙爱民,雷宇. 沥青混合料级配类型与离析程度关系研究[J]. 武汉理工大学学报,2009,31（8）: 46-50;54.

[17] 彭勇,孙立军. 沥青混合料路面离析原因研究[J]. 公路交通科技,2007,24（5）: 67-70.

[18] [18]张苛,崔文社,张争奇,等. 基于室内试验的沥青混合料离析标准研究[J]. 武汉理工大学学报,2014,36（5）: 55-61.

[19] 李美华,何俊辉,李耀龙. 沥青混合料离析对沥青路面路用性能的影响研究[J]. 公路工程,2014,39（2）: 143-147.

[20] 陶晶,蒋双全,张争奇. 现场摊铺沥青混合料特征与路面非均匀性预测研究[J]. 中外公路,2011,31（1）: 225-231.

[21] 彭余华,郭大进,刘惠兴,等. 粗粒式沥青混合料离析控制方法[J]. 交通运输工程学报,2011,11（2）: 1-7.

[22] 沈金安. 关于沥青混合料的均匀性和离析问题[J]. 公路交通科技,2001,18（6）: 20-24.

[23] 屈爱萍. 沥青混合料离析量化分析[D]. 西安:长安大学,2017.

[24] 郝尧生,刘兴东. 高速公路沥青路面坑槽病害成因与处治[J]. 中外公路,2012,32（3）: 118-120.

[25] 李安,姜旺恒,李智. 沥青混凝土路面离析后抗水损坏能力的室内外试验验证[J]. 公路,2010（7）: 153-156.

[26] 丛林,郑晓光,郭忠印. 施工离析对沥青混合料性能的影响分析[J]. 同济大学学报（自然科学版）,2007,35（4）: 477-480.

[27] 殷长燕. 沥青路面施工中的离析及其控制技术研究[D]. 西安: 长安大学, 2016.

[28] 麻旭荣, 李立寒. 沥青混合料级配离析判别指标的探讨[J]. 公路交通科技, 2006, 23 (2): 48-51.

[29] 唐娴, 王社良, 戴经梁. 沥青混合料离析的评价模型与评价标准[J]. 交通运输工程学报, 2010, 10 (2): 1-5.

[30] 唐承铁. SMA沥青路面离析评价指标的研究和应用[J]. 公路工程, 2012, 37 (6): 20-24.

[31] ABOOBAKER N, MEEGODA J N, BLACKMORE D. Fractionation and segregation of suspended particles using acoustic and flow fields[J]. Journal of Environmental Engineering, 2003, 129(5): 427-434.

[32] 魏建国, 李平, 付其林. 沥青碎石抗离析性能评价体系[J]. 中国公路学报, 2014, 27 (7): 1-9.

[33] 郑晓光, 丛林, 郭忠印. 沥青混合料温度离析容许标准的研究[J]. 建筑材料学报, 2007, 10 (4): 440-445.

[34] BROCK J D. Segregation of Asphaltic Mixtures[C]//Proceedings of the Association of Asphalt Paving Technologists, 1986 (55): 269-277.

[35] KENNEDY T W, MCGENNIS R B, HOLMGREEN R J. Asphalt Mixture Segregation: Diagnostics and Remedies[C]//Proceedings of the Association of Asphalt Paving Technologists, 1987 (56): 304-329.

[36] MARY S G, BROWN E R. Segregation in hot mix asphalt pavement[R]. Washington D C: National Cooperative Highway Research Program Report 411, 2000.

[37] MARY S G. Influence of segregation on pavement performance[J]. Journal of the Association of Association of Asphalt Paving Technologists, 2000, 69: 424-454.

[38] FLINTSCH G, LEÓN E D, MCGHEE K, et al. Pavement Surface

Macrotexture Measurement and Applications[J]. Transportation Research Record, 2003, 1860（1）: 168-177.

[39] KHEDAYWI T S, WHITE T D. Effect of Segregation on Fatigue Performance of Asphalt Paving Mixtures[J]. Transportation Research Record 1543, TRB, 1996: 63-70.

[40] 彭勇,孙立军. 沥青混合料均匀性（离析）研究方法概述[J]. 中外公路, 2007, 27（1）: 147-150.

[41] 沙庆林. 高速公路沥青路面主要早期破坏的现象、原因和预防[J]. 交通史, 2004（U09）: 17-18.

[42] 尹健标,王端宜. 沥青路面施工离析与早期损坏关系的研究[J]. 中外公路, 2010, 30（2）: 75-79.

[43] 孙立军,等. 沥青路面结构行为学[M]. 上海: 同济大学出版社, 2013.

[44] BROWN E R .Relationships of HMA（Hot Mix Asphalt）In-place Air Voids, Lift Thickness, and Permeability. Volume Three[J]. 2004.

[45] CROSS S A, HAININ M R, ADO-SEI A. Effect of Segregation on Mix Properties of Hot Mix Asphalt[R]. Lawrence, United States: University of Kansas Center for Research Inc, 1997.

[46] BROWN E R, COLLINS R, BROWNFIELD J R. Investigation of Segregation of Asphalt Mixtures in the State of Georgia[J]. Transportation Research Record 1217, TRB, 1989: 1-8.

[47] CROSS S A, BROWN E R. Effect of Segregation on Performance of Hot Mix Asphalt[R]. Auburn, USA: Highway Research Center, Auburn University, 1992.

[48] 交通部公路科学研究所. 公路工程质量检验评定标准: JTG F80/1—2004[S]. 北京: 人民交通出版社, 2004.

[49] 交通部公路科学研究所. 公路沥青路面施工技术规范: JTG F40—2004[S]. 北京: 人民交通出版社, 2004.

[50] 交通部公路科学研究院. 公路路基路面现场测试规程: JTG E60—2008[S]. 北京: 人民交通出版社, 2008.

[51] 周吴军. 基于分形理论沥青路表面离析判别方法研究[D]. 长沙：湖南大学，2009.

[52] WILLIAMS R C, DUNCAN G, WHITE T D. Hot-Mix Asphalt Segregation: Measurement and Effects[J]. Transportation Research Record: Journal of the Transportation Research Board, 1996, 1543 (1): 97-105.

[53] WOLFF T F, BALADI G Y, CHANGE C. Test Method to Determine the Extent of Segregation in Bituminous Mixtures[R]. Michigan, USA: Michigan State University, Pavement Research Center for Excellence, 1997.

[54] 胡力群，暴英波，王天林，等. 基于热成像的沥青混合料摊铺温度均匀性分析[J]. 江苏大学学报（自然科学版），2016，37（6）：735-739.

[55] 范大伟. 红外图像温度离析定量评价方法[D]. 西安：长安大学，2014.

[56] 禤炜安，刘斌清. 基于红外热像仪的沥青路面施工过程温度离析状况评价[J]. 中外公路，2016，36（3）：63-67.

[57] KIM GILBERT. Thermal Segregation[R]. Colorado: Colorado Department of Transportation, 2005.

[58] LI X L, ZHOU Z G, LYU X C, et al. Temperature Segregation of Warm Mix Asphalt Pavement: Laboratory and Field Evaluations[J]. Construction & Building Materials, 2017, 136: 436-445.

[59] 钟燕辉，李强，陈忠平，等. 路面雷达在沥青混凝土路面离析检测中的应用研究[J]. 公路，2007（4）：117-123.

[60] 刘涛. 基于无损检测方法的沥青路面介电特性与施工质量评价研究[D]. 广州：华南理工大学，2016.

[61] 邱志雄，潘放，王端宜. 数字图像和激光构造深度离析分析方法在开阳高速公路的应用[J]. 公路，2003（8）：95-98.

[62] 马林，迟凤霞，张肖宁. 综合应用无损检测技术评价沥青混凝土路面施工离析[J]. 公路，2009（4）：113-118.

[63] HOSKING J R, ROE P G, TUBEY L W. Measurement of the Macro-Texture of Roads Part 2: A Study of the TRRL Mini Texture Meter[R]. Crowthorne, UK: Transportation and Road Research Laboratory Research Report 120, 1987.

[64] MEEGODA J N, ROWE G M, HETTIARACHCHI C H, et al. Correlation of Surface Texture, Segregation, and Measurement of Air Voids[R]. Washington D C: Federal Highway Administration, 2002.

[65] COOPER D R C. Measurement of Road Surface Texture by a Contactless Sensor,[J].1975.

[66] 郑晓光, 朱云升, 丛林. 应用构造深度评价沥青混合料离析[J]. 公路, 2005（12）: 175-179.

[67] 王端宜, 张肖宁, 王绍怀. 表面离析作为沥青混凝土路面施工质量评价指标的研究[J]. 公路, 2005（1）: 54-58.

[68] 杨博, 郑健龙, 刘宏富, 等. 沥青混合料级配离析定量评价划分标准的研究与探讨[J]. 建筑材料学报, 2015, 18（06）: 1099-1105; 1116.

[69] 孔秋珍, 唐建亚, 刘宏晋. 基于沥青混合料铺层温度分布均匀性研究[J]. 公路, 2016（12）: 226-230.

[70] 谭发茂. 沥青混合料离析及其对路面结构均匀性的影响[D]. 天津: 天津大学, 2008.

[71] YUE Z Q, BEKKING W, MORIN I. Application of Digital Image Processing to Quantitative Study of Asphalt Concrete Microstructure[R]. Washington, D C: Transportation Research Board, National Research Council, Transportation Research Record 1492, 1995: 53-60.

[72] YUE Z Q, MORIN I. Digital Image Processing for Aggregate Orientation in Asphalt Concrete Mixtures[J]. Canadian Journal of Civil Engineering, 1996, 23: 479-489.

[73] SIMAP Team. Simulation Imaging and Mechanics of Asphalt Pavement[R]. US, FHWA, 1998, 6: 1-3.

[74] SIMAP Team. Progress to Date[R]. FHWA, 2001: 1-3.

[75] MASAD E, MUHUNTHAN B, SHASHIDHAR N, Et al. Internal Structure of the Concrete Using Image Analysis [J]. Journal of Computing in Civil Engineering, 1999, 13 (2): 88-95.

[76] TASHMANL MASZDE, D ANGELOJ, et al. X-ray Tomography to Characterize Air Void Distribution in Superpave Gyratory Compacted Specimens [J]. International Journal of Pavement Engineering, 2000, 3 (1): 19-28.

[77] WANG L, WANG X, MOHAMMAD L, et al. Application of Mixture Theory in the Evaluation of Mechanical Properties of Asphalt Concrete[J]. Journal of Materials in Civil Engineering, 2004, 16(2): 167-174.

[78] SEFIDMAZGI N R, BAHIA H U. Effect of Compaction Conditions on Aggregate Packing Using 2-dimensional Image Analysis and the Relation to Performance of HMA[J]. Materials & Structures, 2014, 47 (8): 1313-1324.

[79] SEFIDMAZGI N R, TASHMAN L, BAHIA H. Internal Structure Characterization of Asphalt Mixtures for Rutting Performance Using Imaging Analysis[J]. Road Materials & Pavement Design, 2012, 13 (1): 21-37.

[80] MACARI-PASQUALINO E J, STURE S. Assessment of Homogeneity and Isotropy in Granular Specimens[R]. Boulder, USA: Progress Report to NASA/Marshall Space Flight Center, University of Colorado at Boulder, 1987.

[81] ALSHIBLI K, MACARI E J, STURE S. Digital Imaging Techniques for Assessment of Homogeneity of Granular Materials Emerging Technologies in Geotechnical Engineering[J]. Transportation Research Record Journal of the Transportation Research Board, 1996, 1526 (1): 121-128.

[82] MCCUEN R H, AZARI H. Assessment of Asphalt Specimen

Homogeneity[J]. Journal of Transportation Engineering, 2001, 127 (5): 363-369.

[83] TASHMAN L, MASAD E, PETERSON B, et al. Internal Structure Analysis of Asphalt Mixes to Improve the Simulation of Superpave Gyratory Compaction to Field Conditions[J]. Journal of the Association of Asphalt Paving Technologists, 2001, 70: 605-645.

[84] HOGG R. Characterization of Relative Homogeneity in Particulate Mixtures[J]. International Journal of Mineral Processing, 2003, 72 (1): 477-487.

[85] HUNTER A, AIREY G, COLLOP A. Aggregate Orientation and Segregation in Laboratory-Compacted Asphalt Samples[J]. Transportation Research Record Journal of the Transportation Research Board, 2004, 1891 (1): 8-15.

[86] AZARI H. Effect of Aggregate Inhomogeneity on Mechanical Properties of Asphalt Mixtures[D]. College Park: University of Maryland, College Park, 2007.

[87] THYAGARAJAN S, TASHMAN L, MASAD E, et al. The Heterogeneity and Mechanical Response of Hot Mix Asphalt Laboratory Specimens[J]. International Journal of Pavement Engineering, 2010, 11 (2): 107-121.

[88] BRUNO L, PARLA G, CELAURO C. Image Analysis for Detecting Aggregate Gradation in Asphalt Mixture from Planar Images[J]. Construction & Building Materials, 2012, 28 (1): 21-30.

[89] 张婧娜. 基于数字图像处理技术的沥青混合料微观结构分析方法研究[D]. 上海: 同济大学, 2000.

[90] 杨宇亮. 沥青混合料细观结构的分析系统[D]. 上海: 同济大学, 2003.

[91] 彭勇, 孙立军, 杨宇亮, 等. 一种基于数字图像处理技术的沥青混合料均匀性研究新方法[J]. 公路交通科技, 2004, 21 (11): 10-12.

[92] 彭勇, 孙立军, 王元清, 等. 数字图像处理在沥青混合料均匀性评

价中的应用[J]. 吉林大学学报（工学版），2007，37（2）：334-337.

[93] 彭勇,孙立军. 沥青混合料均匀性影响因素的研究[J]. 同济大学学报（自然科学版），2006，34（1）：59-63.

[94] 彭勇，孙立军，石永久，等. 沥青混合料均匀性与材料力学性能关系[J]. 哈尔滨工业大学学报，2009，41（6）：142-145.

[95] 彭勇,孙立军. 沥青混合料均匀性与性能变异性的关系[J]. 中国公路学报，2006，19（6）：30-34.

[96] 彭勇，孙立军，董瑞琨. 沥青混合料均匀性评价新方法的探讨[J]. 同济大学学报（自然科学版），2005，33（2）：166-168.

[97] 彭勇，孙立军，石永久，等. 沥青混合料均匀性与路用性能指标的关系[J]. 同济大学学报（自然科学版），2008，36（4）：488-492.

[98] 张肖宁. 沥青混合料材料结构数字图像技术的基本方法[J]. 华南理工大学学报（自然科学版），2012，40（10）：166-173.

[99] 张肖宁，李智，虞将苗. 沥青混合料的体积组成及其数字图像处理技术[J]. 华南理工大学学报（自然科学版），2002，30（11）：113-118.

[100] 李智，徐伟，王绍怀，等. 沥青混合料数字图像处理技术的方法研究[J]. 公路交通科技，2003，20（6）：13-16.

[101] 王端宜，李维杰，张肖宁. 用数字图像技术评价和测量沥青路表面构造深度[J]. 华南理工大学学报（自然科学版），2004，32（2）：42-45.

[102] 王端宜，李维杰，张肖宁. 用数字图像技术评价沥青路面的表面离析[J]. 华南理工大学学报（自然科学版），2005，33（1）：16-20.

[103] 姚岢，张肖宁，李智. 沥青路面摊铺均匀性评价方法试验研究[J]. 沈阳建筑大学学报（自然科学版），2007，23（6）：930-935.

[104] 陈尚江，张肖宁. 基于数字图像处理技术的沥青混合料分形特性[J]. 建筑材料学报，2013，16（3）：451-455.

[105] 石立万，王端宜. 基于数字图像处理的沥青混合料主骨架评价标准[J]. 中国公路学报，2017，30（5）：52-58.

[106] [106]石立万，王端宜，吴文亮，等. 基于数字图像处理的沥青混

合料骨架研究[J]. 建筑材料学报, 2016, 19（4）: 767-772.

[107] 张争奇, 徐耀辉, 胡红松, 等. 沥青路面离析的数字图像评价方法[J]. 湖南大学学报（自然科学版）, 2016, 43（9）: 129-135.

[108] 梁乃兴, 杜镇宇, 徐建平, 等. 基于数字图像处理技术和熵权法分析沥青路面均匀度的方法[J]. 重庆交通大学学报（自然科学版）, 2017, 36（9）: 28-31.

[109] 刘柳, 梁乃兴, 王乐. 数字图像技术在露石混凝土路面中的应用[J]. 重庆交通大学学报（自然科学版）, 2008, 27（5）: 733-735.

[110] [110]杜镇宇, 梁乃兴, 赵毅. 数字图像技术分析沥青路面均匀性的方法[J]. 中外公路, 2017（5）: 62-66.

[111] 宋永朝, 梁乃兴, 闫功喜, 等. 基于数字图像技术的露石混凝土路面纹理构造抗滑性能[J]. 哈尔滨工业大学学报, 2015, 47（2）: 123-128.

[112] 宋永朝, 闫功喜, 隋永芹, 等. 基于数字图像处理技术的沥青路面表面纹理构造分布[J]. 中南大学学报（自然科学版）, 2014（11）: 4075-4080.

[113] 宋永朝, 黎富春, 梁乃兴. 基于数字图像技术的露石混凝土表面构造研究[J]. 重庆交通大学学报: 自然科学版, 2012, 31（4）: 785-787.

[114] 郭乃胜, 尤占平, 谭忆秋, 等. 基于CT技术的沥青混合料均匀性评价方法[J]. 中国公路学报, 2017, 30（1）: 1-9.

[115] RAFAEL C GONZALEZ, RICHARD E WOODS. 数字图像处理[M]. 3版. 阮秋琦, 阮宇智, 等, 译. 北京: 电子工业出版社, 2011.

[116] 章毓晋. 图像工程: 上册: 图像处理和分析[M]. 北京: 清华大学出版社, 1999.

[117] 耿庆田. 基于图像识别理论的智能交通系统关键技术研究[D]. 长春: 吉林大学, 2016.

[118] 隋君. 基于数字图像处理技术的车牌识别系统研究[D]. 长春: 吉林大学, 2016.

[119] 孙波成. 基于数字图像处理的沥青路面裂缝识别技术研究[D]. 成

都：西南交通大学，2015.

[120] 张维峰，尹冠生，刘萌，等. 数字图像处理技术在桥梁裂纹测量中的应用[J]. 长安大学学报（自然科学版），2011, 31 (6)：50-53.

[121] 英红. 数字图像在沥青混合料中的应用及研究[D]. 重庆：重庆交通大学，2008.

[122] SCHALKOFF R J. Digital image processing and computer vision[M]. New York：Wiley，1989.

[123] GONZALEZ R C，WOODS R E，EDDINS S L. Digital Image Processing using MATLAB[M]. New Delhi: Pearson Education India，2004.

[124] 陈书海，傅录祥，陈明. 实用数字图像处理[M]. 北京：科学出版社，2005.

[125] 马晓路，刘倩，胡开云，等. MATLAB 图像处理从入门到精通[M]. 北京：中国铁道出版社，2013.

[126] 胡广书. 数字信号处理：理论、算法与实现[M]. 北京：清华大学出版社，2003.

[127] PITAS I. Digital Image Processing Algorithms and Applications[M]. New York：John Wiley & Sons，2000.

[128] 黄贤武，王加俊，李家华. 数字图像处理与压缩编码技术[M]. 北京：电子科技大学出版社，2000.

[129] 秦一博. 基于数字图像处理的粘连颗粒分析方法研究[D]. 山东理工大学，2013.

[130] GONZALEZ R C，RICHARD E W，STEVEN L E. Digital Image Processing Using MATLAB[M]. 2nd ed. Beijing：Publishing House of Electronics Industry，2014.

[131] 王星，刘金义. 基于 HSI 的彩色图像二值化技术研究[J]. 科学技术与工程，2011, 11 (19)：4609-4611.

[132] 梁琳，何卫平，雷蕾，等. 光照不均图像增强方法综述[J]. 计算机应用研究，2010, 27 (5)：1625-1628.

[133] HYUNCHAN AHN，BYUNGJI K，DAEHOON K，et al. Adaptive

Local Tone Mapping Based on Retinex for High Dynamic Range Images[C]//Proceedings of IEEE International Conference on Consumer Electronics. 2013: 153-156.

[134] 刘丽, 赵凌君, 郭承玉, 等. 图像纹理分类方法研究进展和展望[J]. 自动化学报, 2018, 44（4）: 584-607.

[135] 高展宏, 徐文波. 基于 MATLAB 的图像处理案例教程[M]. 北京: 清华大学出版社, 2011.

[136] 陈汗青, 万艳玲, 王国刚. 数字图像处理技术研究进展[J]. 工业控制计算机, 2013, 26（1）: 72-74.

[137] 王振, 彭勇, 杨友良, 等. 沥青混合料集料均匀性评价方法研究[J]. 华东公路, 2014（1）: 55-58.

[138] 英红, 凌天清. 基于数字图像处理技术的沥青混合料均匀性评价方法[J]. 公路, 2007（8）: 177-179.

[139] 陈华, 英红, 张健. 一种基于数字图像处理技术的沥青混合料均匀性评价方法[J]. 公路工程, 2007, 32（6）: 174-176.

[140] MANDELBROD B B. The Fractal Geometry of Nature[M]. San Francisco: Freemann W H, 1982.

[141] 杨瑞华, 许志鸿. 密级配沥青混合料集料分形分维与路用性能的关系[J]. 土木工程学报, 2007, 40（3）: 98-103.

[142] 唐明, 巴恒静. 混凝土材料的拓扑学特征及分形特征的评价[J]. 哈尔滨建筑大学学报, 2002, 35（1）: 86-89.

[143] MANDELBROT B B. Fractals: Form, chance and dimension[M]. San Francisco: Freeman, 1977.

[144] 韩立志, 梁增洁, 彭余华, 等. AC-25 级配离析的分形评价标准及预测方法[J]. 长安大学学报（自然科学版）, 2014, 34（6）: 27-33.

[145] 王昌衡, 周吴军. 沥青路面均匀性定量评价的分形方法[J]. 公路工程, 2010, 35（1）: 117-120.

[146] 宋毅. 应用分形理论描述沥青混合料级配离析及其相关问题研究[D]. 广州: 华南理工大学, 2010.

[147] 胡佳寅. 沥青混合料级配离析特性的分形评价与控制技术研究[D].

西安：长安大学，2013.

[148] 彭勇,孙立军. 基于分形理论沥青混合料均匀性评价方法[J]. 哈尔滨工业大学学报，2007，39（10）：1656-1659.

[149] 肖玉荣. 沥青混合料离析评价指标和离析特性的研究[D]. 长沙：长沙理工大学，2013.

[150] 杜镇宇. 基于数字图像技术沥青路面材料离析评价方法研究[D]. 重庆：重庆交通大学，2017.

[151] 殷长燕. 沥青路面施工中的离析及其控制技术研究[D]. 西安：长安大学，2016.

[152] 徐志荣，常艳婷，陈忠达，等. 沥青混合料动态模量试验标准研究[J]. 交通运输工程学报，2015，15（3）：4-7.

[153] 胡文华，詹国强，薛明，等. 集料含泥量与橡胶沥青混合料水稳定性关系综述[J]. 公路交通科技(应用技术版)，2012(6)：178-181.

[154] 韩冷. 沥青混合料离析成因分析及对其路用性能影响研究[D]. 重庆：重庆交通大学，2019.